AF658887

पुराण साहित्य भारतीय जीवन और साहित्य की अक्षुण्ण निधि है। इनमें मानव जीवन के उत्कर्ष और अपकर्ष की अनेक गाथाएं मिलती हैं। अठारह पुराणों में अलग-अलग देवी-देवताओं को केन्द्र में रखकर पाप और पुण्य, धर्म और अधर्म, कर्म और अकर्म की गाथाएं कही गई हैं। इस रूप में पुराणों का पठन और आधुनिक जीवन की सीमा में मूल्यों का स्थापन आज के मनुष्य को एक निश्चित दिशा दे सकता है।

निरन्तर द्वन्द्व और निरन्तर द्वन्द्व से मुक्ति का प्रयास मनुष्य की संस्कृति का मूल आधार है। पुराण हमें आधार देते हैं। इसी उद्देश्य को लेकर पाठकों की रुचि के अनुसार सरल, सहज भाषा में प्रस्तुत है पुराण-साहित्य की श्रृंखला में 'कूर्म पुराण'।

कूर्म पुराण

प्रस्तुति

डॉ. विनय

डायमंड बुक्स

प्रकाशक : डायमंड पॉकेट बुक्स (प्रा.) लि.
X-30 ओखला इंडस्ट्रियल एरिया, फेज-II
नई दिल्ली-110020
फोन : 011-40712200
ई-मेल : sales@dpb.in
वेबसाइट : www.diamondbook.in

Kurma Purana

By : Dr. Vinay

प्रस्तावना

भारतीय जीवन-धारा में जिन ग्रंथों का महत्त्वपूर्ण स्थान है उनमें पुराण भक्ति ग्रंथों के रूप में बहुत महत्त्वपूर्ण माने जाते हैं। पुराण-साहित्य भारतीय जीवन और साहित्य की अक्षुण्ण निधि है। इनमें मानव जीवन के उत्कर्ष और अपकर्ष की अनेक गाथाएं मिलती हैं। भारतीय चिंतन-परंपरा में कर्मकांड युग, उपनिषद युग अर्थात् ज्ञान युग और पुराण युग अर्थात् भक्ति युग का निरंतर विकास होता हुआ दिखाई देता है। कर्मकांड से ज्ञान की ओर आते हुए भारतीय मानस चिंतन के ऊर्ध्व शिखर पर पहुंचा और ज्ञानात्मक चिंतन के बाद भक्ति की अविरल धारा प्रवाहित हुई।

पवित्र 'कूर्म पुराण' ब्रह्म वर्ग के अंतर्गत आता है। इस पुराण में चारों वेदों का श्रेष्ठ सार निहित है। समुद्र-मंथन के समय मंदराचलगिरि को समुद्र में स्थिर रखने के लिए देवताओं की प्रार्थना पर भगवान् विष्णु ने कूर्मावतार धारण किया था। तत्पश्चात् उन्होंने अपने कूर्मावतार में राजा इन्द्रद्युम्न को ज्ञान, भक्ति और मोक्ष का गूढ़ रहस्य प्रदान किया था। उनके ज्ञानयुक्त उपदेश को इस पुराण में संकलित किया है। इसलिए इस पुराण को 'कूर्म पुराण' कहा गया है। इस पुराण का ज्ञान महर्षि व्यास ने अपने शिष्य रोमहर्षण (लोमहर्षण) सूतजी को प्रदान किया था। तत्पश्चात् नैमिषारण्य में महर्षि रोमहर्षण सूतजी ने शौनकादि ऋषि-मुनियों को यह पुराण सुनाया था।

यद्यपि कूर्म पुराण एक वैष्णव प्रधान पुराण है, तथापि इसमें शैव तथा शाक्त मत की भी विस्तृत चर्चा की गई है। इस पुराण में पुराणों में पांचों प्रमुख लक्षणों-सर्ग, प्रतिसर्ग, वंश, मन्वंतर एवं वंशानुचरित का क्रमबद्ध तथा विस्तृत विवेचन किया गया है।

हम आज के जीवन की विडंबनापूर्ण स्थिति के बीच से गुजर रहे हैं। हमारे बहुत सारे मूल्य खंडित हो गए हैं। आधुनिक ज्ञान के नाम पर विदेशी चिंतन का प्रभाव हमारे ऊपर बहुत अधिक हावी हो रहा है इसलिए एक संघर्ष हमें अपनी मानसिकता से ही करना होगा कि अपनी परंपरा में जो ग्रहणीय है, मूल्यपरक है उस पर फिर से लौटना होगा। साथ में तार्किक विदेशी ज्ञान भंडार से भी अपरिचित नहीं

रहना होगा–क्योंकि विकल्प में जो कुछ भी हमें दिया है वह आरोहण और नकल के अतिरिक्त कुछ नहीं। मनुष्य का मन बहुत विचित्र है और उस विचित्रता में विश्वास और विश्वास का द्वंद्व भी निरंतर होता रहता है। इस द्वंद्व से परे होना ही मनुष्य जीवन का ध्येय हो सकता है। निरंतर द्वंद्व और निरंतर द्वंद्व से मुक्ति का प्रयास मनुष्य की संस्कृति के विकास का यही मूल आधार है। हमारे पुराण हमें आधार देते हैं और यही ध्यान में रखकर हमने सरल, सहज भाषा में अपने पाठकों के सामने पुराण-साहित्य प्रस्तुत करने का प्रयास किया है। इसमें हम केवल प्रस्तोता हैं लेखक नहीं। जो कुछ हमारे साहित्य में है उसे उसी रूप में चित्रित करते हुए हमें गर्व का अनुभव हो रहा है।

'डायमण्ड पॉकेट बुक्स' के *श्री नरेन्द्रकुमार जी* के प्रति हम बहुत आभारी हैं कि उन्होंने भारतीय धार्मिक जनता को अपने साहित्य से परिचित कराने का महत् अनुष्ठान किया है। देवता एक संज्ञा भी है और आस्था का आधार भी इसलिए वह हमारे लिए अनिवार्य है। और यह पुराण उन्हीं के लिए है जिनके लिए यह अनिवार्य है।

–डा० विनय

पूर्वार्द्ध

स्वायम्भुव यज्ञ के उपलक्ष्य में इकट्‌ठा हुए नैमिषारण्य ऋषियों ने सूत महाराज से कूर्म पुराण सुनाने का निवेदन करते हुए कहा कि आप विद्वानों में श्रेष्ठ हैं और ब्रह्मज्ञानी शिरोमणि वेदव्यास के श्रीमुख से इतिहास पुराण का मर्म जानने के लिए उनकी श्रद्धापूर्वक आपने सेवा की है। परम पवित्र पुराणों को सुनकर आपका रोम-रोम प्रफुल्लित हो उठा। इसी कारण आपका नाम भी रोमहर्षण पड़ गया। वेदव्यास ने आपको ही एकमात्र सुनने का अधिकारी जानकर आपको यह ज्ञान दिया। अब आप वह पवित्र वाणी हमें सुनाकर कृतार्थ करें। श्रद्धालु मुनियों की ऐसी पुराण सुनने की रुचि देखते हुए सूत ने बताया कि इस पवित्र पुराण को श्रद्धालु शान्त और धार्मिक श्रेष्ठ वर्ण के जनों को सुनाना चाहिए, और संशयी, तर्क करने वाले, ईश्वर में विश्वास न करने वाले तथा नास्तिकों के सम्मुख कभी भूलकर भी नहीं सुनाना चाहिए। क्योंकि ऐसे व्यक्तियों के हृदय पर इसका प्रभाव स्थिर नहीं रह पाता। वास्तव में श्रद्धा और विश्वास व्यक्ति-मन की दो आंखें होती हैं। इनके अभाव में व्यक्ति अन्धा होता है। इसलिए ऐसे व्यक्ति के सम्मुख यह आख्यान निरर्थक हो जाता है।

परम पवित्र कूर्म पुराण ब्रह्म वर्ग के अन्तर्गत आता है, और इसमें चारों वेदों का सर्वोत्तम सार निहित है। इसके श्लोकों की संख्या छः हजार है। जिसमें चर्तुवर्ग के प्रदान करने वाले सारे संसार के नियंत्रक, परब्रह्म के माहात्म्य का वर्णन है अन्य पुराणों के समान इसमें भी सर्ग, प्रतिसर्ग, मन्वन्तर, वंशानुचरित और अन्यान्य पुण्यकथाएं वर्णित है। धर्माचार्यो, वेदप्रियों और ब्राह्मणों के लिए इस पुराण का अनुशीलन लाभप्रद रहता है।

इस पुराण में भगवान श्री नारायण के समुद्र-मन्थन के समय कूर्म रूप धारण करने की कथा का वर्णन है। बहुत समय पहले दिति और दनु के पुत्रों दैत्यों और दानवों के साथ देवताओं ने मिलकर अमृत पाने के लिए समुद्र मंथन किया था, इसमें मंदराचल पर्वत को मथानी बनाया गया था। भगवान श्री

नारायण ने देवताओं के हित में कूर्म रूप धारण करके पर्वत को अपनी पीठ पर धारण किया था। सभी देवताओं ने भगवान के इसी रूप का साक्षात् हरि रूप में दर्शन करके अपने आप को कृतकृत्य अनुभव करते हुए उनकी बहुविधि स्तवन-अर्चना की। प्रभु के पीठ पर पर्वत को धारण करने से वह स्थिर हो गया और देवताओं का प्रयास सफल हुआ। समुद्र-मन्थन से जो प्रमुख तत्त्व निकले उनमें श्री लक्ष्मी भी थीं, जिन्हें स्वयं विष्णु ने अपनी प्रिया के रूप में वर लिया। देवों ने जब उनका परिचय पूछा तो भगवान नारायण ने बताया कि यह देवी मेरी परमशक्ति, अनन्त माया है। इसी के द्वारा मैं देवों, दानवों एवं मानवों की सृष्टि करता हूं। जड़-चेतन जगत का प्रसार, पालन एवं संहार करता हूं।

इसी से उनकी उत्पत्ति और प्रलय होती है, मेरी इसी शक्ति की विद्या रूप में जानकर ज्ञानी पुरुष अपनी आत्मा का उद्धार करते हैं। यह देवताओं को ही नहीं बल्कि ब्रह्मा और शिव को भी शक्तिवान करती है। यही सत, रज, तम गुणों को समेटने वाली प्रकृति है और ब्रह्माण्ड तथा जड़-चेतन जगत की उत्पत्ति करने वाली है। कल्प के प्रारम्भ में मैंने इसकी सृष्टि की। यह चार भुजाओं वाली, शंख, चक्र, गदा और पद्म वाली, गले में करोड़ों सूर्यों की आभा लिये हुए है। अपने इसी मोहक रूप से देवता, पितर, मानव, वसु और अन्य योनियों के प्राणियों के ज्ञान की सीमा से परे है और सदा उन्हें आकृष्ट करे रखती है।

यही सब प्रकार से सर्व समर्थ और सबका संचालन करने वाली है। कल्पान्त में इसी देवी की स्थिति का वृत्त सुनाते हुए श्री नारायण ने बताया कि पूर्वजन्म में एक राजा अपने दूसरे जन्म में इन्द्रद्युम्न नाम के ब्राह्मण के रूप में उत्पन्न हुआ। उसने कूर्म पुराण सुनने के उपरान्त यह निष्कर्ष निकाला कि शंकर आदि देव मेरी ही शक्ति से शक्तिवान हैं और यह जानकर अन्य देवताओं का आश्रय छोड़कर उसने मेरे ही कूर्म रूप की उपासना प्रारम्भ कर दी। उसकी इस श्रद्धाभक्ति को देखकर ही मैंने उस राजा को अगले जन्म में ब्राह्मण योनि में उत्पन्न होने का वरदान दिया। मेरी ही कृपा से उसे अपने पूर्वजन्म के सभी वृत्त स्मरण रहे। साथ ही देवों, ऋषियों को दुर्लभ ज्ञान का आविष्कार भी हुआ। मैंने उस राजा से यह भी कहा कि पृथ्वी पर निवृत्ति भाव से चित्त को समाहित करके अपने कर्त्तव्यों का पालन करो, वैस्वत मन्वंतर के बीत जाने पर तुम मेरे लोक वास के अधिकारी बनोगे।

ऐसा आशय पाकर वह राजा अपने लोक में पहुंच गया और धर्म के अनुरूप अपनी प्रजा का पालन करने लगा। निश्चित समय पर उसने देह त्याग

दी। श्वेत दीप के दुर्लभ वैष्णव भोग का अधिकारी होकर उसने सुख प्राप्त किया, तत्पश्चात् मेरी ही आज्ञा से पुनः उत्तम विप्र कुल में जन्म ग्रहण किया। विप्रयोनि में जन्म ग्रहण करके उस इन्द्रद्युम्न ब्राह्मण ने अपने सभी कर्म, धर्म का यथावत् पालन किया, उसके इस व्रत-अनुष्ठान से प्रसन्न होकर मैंने उसे साक्षात् लक्ष्मी के दर्शन कराए। ब्राह्मण ने विविध विधियों से स्तोत्र पाठ करके लक्ष्मी की पूजा-स्तुति की। नारायण चिह्नों से अंकित विशालनयना देवी का परिचय जानने की इच्छा भाव से उसने श्रद्धापूर्वक पूछा–हे देवि ! आप कौन हैं ? तो उस मंगलस्वरूपा ने प्रसन्नमना हो उस ब्राह्मण से कहा–मैं विष्णु की तद्रूपा माया हूं। नारायण देव और मैं अभिन्न हैं। विष्णु का विष्णुत्व, ब्रह्मा का ब्रह्मत्व तथा शिव का शिवत्व मुझसे ही है। जो लोग जीवों को आश्रय देने वाले भगवान श्री विष्णु की श्रद्धा और मन से आराधना करते हैं, मैं उन्हें विशेष रूप से स्नेह देती हूं, उन पर अपनी अनुकम्पा रखती हूं और मोक्ष प्रदान करती हूं।

इस पर उस जिज्ञासु ब्राह्मण ने करबद्ध निवेदन करते हुए लक्ष्मी से सब कुछ देने वाले भगवान श्री नारायण को जानने की विधि के बारे में अपनी जिज्ञासा प्रकट की तो कमलासन ने उससे कहा कि तुम इसी तपस्या में लीन रहो, समय आने पर प्रभु तुम्हें स्वयं दर्शन देकर तुष्ट करेंगे। ऐसा कहते हुए वह देवी ब्राह्मण को आशीर्वाद देती हुई अन्तर्हित हो गई।

वह ब्राह्मण इन्द्रद्युम्न लक्ष्मी के द्वारा प्रबोधित होकर जीवमात्र के क्लेशों का हरण करने वाले श्री विष्णु की भक्ति आराधना में पूरी तरह लीन होकर तपस्या करने लगा। काफी समय इसी प्रकार से तपस्या करते रहने के बाद एक दिन भक्तवत्सल श्री विष्णु ने उस पर कृपा करके उसे दर्शन देकर कृतार्थ किया। भगवान श्री परम ईश को अपने सम्मुख देखकर वह ब्राह्मण कृतकृत्य होकर धरती पर घुटने टेककर उन्हें प्रणाम करते हुए–सम्पूर्ण जगत के रचने वाले, रक्षा करने वाले, प्रलयंकारी, सर्वव्यापी आदि, मध्य और अन्त से परे ज्ञान द्वारा जानने योग्य श्री विष्णु के चरणों में प्रणाम करते हुए नत हो गया। उस ब्राह्मण की इस भक्तिभावना से प्रसन्न और द्रवित भगवान ने स्वयं अपने दोनों हाथों से उसे स्नेहपूर्वक ऊपर उठाया। स्पर्शमात्र से ही उसे परमानन्द की सिद्धि देने वाला, ब्रह्मप्राप्ति की एकमात्र, साधन देव-ज्ञान प्रत्यक्ष स्फुरित हो गया। प्रभु की इस कृपा से अत्यन्त अभिभूत होते हुए बार-बार प्रणत मुद्रा में निवेदन करते हुए प्रभु से पथ-प्रदर्शन की याचना करने लगा।

उससे पूर्ण प्रसन्न भगवान श्री नारायण ने उससे कहा–हे राजन् ! अभीष्ट की सच्ची आराधना का अधिकारी, वर्णाश्रम धर्म-व्यवस्था का

विधिपूर्वक पालन करने वाला आचार में निष्ठा रखने वाला प्राणी ही होता है। मोक्ष की कामना करने वाले जीव की प्रवृत्ति मार्ग के अन्तर्गत कुलक्रम से चले आ रहे आचरण की ओर वर्ण-व्यवस्था का पालन करते हुए विष्णु की आराधना और पूजा करनी चाहिए। यह ध्यान रहे कि प्रवृत्ति मार्ग को अपनाने का तात्पर्य– संसार में आसक्ति नहीं है, बल्कि मायामय जगत और सभी एषणाओं का त्याग करते हुए अद्वैत भावना को अपनाना है। इसी विधि से जीव अपने हृदय में भी विष्णु को प्रतिष्ठित कर उनके दर्शन करता है। भावना तीन प्रकार की होती है–आत्मविषया, अव्यक्त विषया तथा गुणातीत विषया। इनमें किसी भी एक भावना से जगत के पालक की आराधना करने वाला मोक्ष का अधिकारी होता है।

इन्द्रद्युम्न ने भगवान नारायण से पूछा कि आपका स्वरूप और प्रवृत्ति क्या है, तथा आप यह भी बताने की कृपा करें, कि कार्य-कारण सम्बन्ध तथा परात्पर तत्त्व मूलत: क्या है ? भगवान नारायण ने उत्तर देते हुए कहा कि एकमात्र परब्रह्म परमेश्वर ही परात्पर तत्त्व हैं और यह आनन्दमय विभूति कहा जाता है। अव्यक्त शुद्ध और अक्षर ब्रह्म कारण है और यह जगत् कार्य तथा सब प्राणियों में विराजमान है। मेरा स्वरूप यही है और मेरी प्रवृत्ति जगत की उत्पत्ति, स्थिति और लय है।

इसके पश्चात् कूर्म रूप भगवान नारायण ने ऋषियों को बताया फिर जो उन्होंने प्रश्न किए थे वे इस प्रकार हैं–

1. कौन-कौन से वर्णाश्रम धर्म आचरण करने योग्य है ?
2. जगत की सृष्टि और संहार किस प्रकार होता है ?
3. कितने प्रकार की संसार की सृष्टि है ?
4. उत्पत्ति, स्थिति और लय में ज्ञान का क्या स्वरूप है ?
5. वर्णाश्रम और धर्म में ज्ञान का स्वरूप क्या है ?

इन प्रश्नों के साथ उन्होंने पूछा कि वंश और मन्वंतर कौन-कौन से हैं तथा सूर्य-पृथ्वी का क्या परिमाण है?

कूर्म ने बताया कि मैंने उसके सारे प्रश्नों का उत्तर दिया और फिर मैं वहां से अन्तर्हित हो गया। उस ब्राह्मण ने अपने पुत्रादि का प्रेम त्यागकर पूर्व सन्तुष्ट भाव से अपरिग्रह के साथ पूजा की। वह धीरे-धीरे निष्काम कर्म करते हुए पूर्ण विरक्त हो गया। उसने अपने में ब्रह्माण्ड और ब्रह्माण्ड में अपने आपको देखा। वह उसी रूप से परम भोगी बन गया, जिसरूप में परम परमात्मा सर्वत्र दिखाई देते हैं। उसने सामान्य मानवीय व्यवहारों को अपने वश में कर लिया।

वह ब्राह्मण एक बार ब्रह्मा के दर्शन के लिए आकाश मार्ग से गया। मार्ग में ब्रह्मर्षियों, अप्सराओं और गधर्वों ने उसके रथ को देखा, उसका विमान सूर्य की तरह से प्रदीप्त हो रहा था। यात्रा करने के बाद उसने ब्रह्मा के अन्त:पुर में प्रवेश किया, इसके पूर्व वह ब्राह्मणों, योगियों द्वारा पूजित हुआ था। वहां पर उसने ब्रह्मा के दर्शन किये। ब्रह्मा जन्म-मृत्यु से रहित ब्रह्म को जानने वालों के लिए भी अगम्य परम योगियों द्वारा आराधित, चतुर्मुख और तेज से प्रतिभासित हो रहे थे। ब्रह्मा को देखकर जैसे ही वह उनके चरण छूने के लिए झुका वैसे ही ब्रह्मा ने अपने आलिंगन में ले लिया। उसी समय, उसके शरीर से एक परम ज्योति निकली और त्रिवेद अर्थात् ऋग्, यजु और साम से युक्त सूर्य-मण्डल में प्रवेश कर गई, उसी मण्डल में देवों को दिए जाने वाला यज्ञ भाग (हव्य) और पितरों को दिया जाने वाला भाग (कव्य) का भोग लगाने वाले हिरण्यगर्भ भगवान विद्यमान होते हैं। इन वेदों में आद्यद्वार कहा गया है। वहीं उस योगी ब्राह्मण ने निर्विकार परम, अक्षर, विष्णु रूप से दर्शन किए और उसे अनुभव हुआ कि वह उस स्थान पर आ गया है जहां आकर मोक्ष प्राप्त होता है। यह अनुभव करते ही वह आत्मविश्रांति को प्राप्त कर गया।

नैमिषारण्य में सूत ने मुनियों को बताया कि कूर्म रूप वाले भगवान विष्णु ने नारद आदि देवताओं को जब यह सब सुनाया तो उन्होंने पूछा कि हे देव ! आपने उस ब्राह्मण को जो दिव्य ज्ञान दिया था, कृपया वह बताने की कृपा करें। इस प्रकार नारदादि देवों, महर्षियों के अनुरोध पर श्री नारायण भगवान ने उन्हें वह मोक्षदायी कूर्म पुराण सुनाया। श्री नारायण ने कूर्म रूप में जिस ज्ञान का प्रकाश किया था वही कूर्म पुराण कहलाया। इसके श्रवण से मनुष्य सभी विध्न, बाधाओं, क्लेशों, कष्टों, पापों-तापों अन्य आधिभौतिक, आधिदैविक, आध्यात्मिक उत्पातों के दुष्प्रभावों से मुक्त होकर सुख-समृद्धि युक्त जीवन, सुन्दर-सुरुपा पत्नी, उत्तम सन्तान और सामाजिक प्रतिष्ठा को प्राप्त करता है। इस पुराण को सुनने वाला सुन्दर, सुखी जीवन जीता हुआ ब्रह्मलोक वास का अधिकारी हो जाता है। सूत ने यह भी कहा कि मेरे इस कथन को केवल मेरा कथन ही नहीं समझिए बल्कि वास्तव मे यह कूर्म पुराण बहुत अधिक पुण्यदायी है। जो व्यक्ति श्रद्धा विश्वास के साथ इसका श्रवण और सेवन करता है उसे निश्चय ही विष्णु का परम पद प्राप्त होता है।

कूर्म रूप श्री नारायण ने ऋषियों को बताया कि जलवासी होने के कारण मैं पुराने समय में अपनी शेषशैया पर विराजमान था और मुझे निद्रा आ

गई। जागने पर फिर से नयी सृष्टि रचने का विचार आया। मुझमें साहस उत्पन्न हुआ और अपने नाभिकमल से चतुरानन ब्रह्मा की उत्पत्ति की। तभी अचानक मुझे क्रोध आ गया उससे त्रिशूलधारी महादेव शंकर का जन्म हुआ। तेज में सूर्य के समान शंकर के प्रादुर्भाव से तीनों लोक जलते हुए प्रतीत हुए। इसके बाद मैंने सुन्दर रूप वाली, सुन्दर मुख वाली, प्राणियों को अपने रूप से मोहित करने वाली, दैवीय आत्मा वाली, मंगल करने वाली, दिव्य मालाओं से सुशोभित और कमल नयना, अपनी मूल प्रकृति लक्ष्मी को उत्पन्न किया जो मेरे बाएं पार्श्व में स्थापित हुई। मेरी इस माया को देखकर ब्रह्मा ने मुझसे कहा कि मैं लक्ष्मी को अखिल ब्रह्माण्ड को मोहित करने के लिए नियुक्त कर दूं, जिससे उनका सृष्टि-निर्माण कार्य पूरा हो सके। ब्रह्मा की ऐसी आशा देखकर मैंने देव, असुर और मनुष्यों से युक्त संसार में सभी सांसारिक प्राणियों को मोहित करके पतन के गर्त में गिराने का आदेश देते हुए इस बात के लिए सतर्क किया कि ज्ञानी, योगी, ब्रह्मचारी, ब्रह्मवादी, अक्रोधी, सत्यवक्ता, इन्द्रिय संयमी, सांसारिक विषयों में ममतारहित, शान्तचित्त, धार्मिक, वेदज्ञानी, तपस्वी, कर्मकाण्डी और आचारशील ब्राह्मण, होम, जप आदि में लीन स्वाध्यायी, ईश्वर-विश्वासी, निर्मलचित्त वाले तथा वर्णाश्रमधर्म पालन करने वाले, सभी जनों को दूर से ही प्रणाम करके उनका सम्मान करना, उन्हें कभी मोहित करने की चेष्टा न करना। अर्थात् अपने नियत धर्म का निष्ठापूर्वक पालन करने वाले को कभी मोहित न करना। लक्ष्मी ने यथाआदेश संसारी जीवों को मोहित करना प्रारम्भ कर दिया। जो व्यक्ति इस माया से आविष्ट नहीं होना चाहता, उसका यह कर्त्तव्य है कि वह मेरे साथ-साथ लक्ष्मी का भी पूजन-स्तवन करे। लक्ष्मी श्रद्धाभाव से की गई पूजा-आराधना से प्रसन्न होकर साधक को भी सांसारिक सुख प्रदान करते हुए मेधा और यश का भागी बनाती है।

ब्रह्मा के अनुरोध पर जब मैंने लक्ष्मी को उन्हीं के सत्परामर्श के अनुसार सांसारिक जीवों को मोहित करने का आदेश दे दिया तो ब्रह्मा ने मेरी आज्ञा से चलाचल भूतों की रचना की। सबसे पहले ब्रह्मा ने नौ ब्रह्मावादी पुत्रों की रचना की जो मरीचि, भृगु, अंगिरा, पुलस्त्य, पुलः, कृतु, दक्ष, अत्रि, तथा वशिष्ठ कहलाए। तत्पश्चात् मुख से ब्राह्मणों, भुजा से क्षत्रियों, ऊरु से वैश्यों और चरणों से शूद्रों का उत्पन्न किया। शूद्रों को छोड़कर शेष सभी उच्च वर्ण के मनुष्यों का यज्ञ सम्पादन का अधिकार दिया। ब्रह्मा ने अजर-अमर वाणी की सृष्टि करते हुए ऋग, यजु; साम और अथर्ववेद के रूप में ईश्वरीय ज्ञान

उत्पन्न किया। अन्य अनेक शास्त्रों ग्रन्थों में जो कुछ वेद के अनुकूल है, केवल वही मान्य है। बुद्धिमान मनुष्य सदा वेदों का ही अनुशीलन करते हैं, और जो दुर्बुद्धि होते हैं, वे नहीं अपनाते। वस्तुतः वेद में बताया गया ही धर्म है और वेद के विरुद्ध आचरण पाप है। जो मनुष्य वेदों के प्रतिकूल अन्य शास्त्रों को अपनाते हैं, वे मानो उस हाथी के समान है, जो नदी में स्नान करके निकलकर बाहर मिट्टी में लोटकर स्नान को निरर्थक कर देता है।

पूर्वकाल में ब्रह्मा ने जिस सृष्टि को उत्पन्न किया था, वह सारी प्रजा प्रारम्भ में शुद्ध अन्तःकरण वाली और धर्म पर आचरण करने वाली थी, किन्तु धीरे-धीरे धर्म के प्रति अरुचि और रागद्वेष के कारण अधर्म में रुचि होने के कारण उनकी सिद्धि लुप्त होने लगी। सतोगुण के तिरोभाव होने पर और रजोगुण के बढ़ने पर मनुष्य की वृत्ति धन, सुन्दर नारी, और अनुकूल सन्तान की प्राप्त को ही जीवन-उपलब्धि समझकर आचरण करने की हो गई। धीरे-धीरे रजोगुणी सिद्धियां भी क्षीण होने लगीं तो ब्रह्मा ने कर्माजीव पैदा किये अर्थात् जैसे कर्म जीव करेगा, वैसा ही फल प्राप्त करेगा। इस प्रकार ब्रह्मा ने कर्म सिद्धान्त की स्थापना करते हुए चारों वर्णों को उनका नियत धर्म बताया। ब्रह्मा के मुख से ऐसा सुनकर भृगु आदि महर्षियों ने वर्णाश्रम व्यवस्था का निरुपण इस प्रकार किया। यज्ञ करना, कराना, दान लेना-देना वेद पढ़ना-पढ़ाना, ये ब्राह्मण के छः कर्त्तव्य कर्म है। दान देना, अध्ययन करना, क्षत्रियों और वैश्यों के समान रूप से सामान्य धर्म तथा दण्ड देना और युद्ध करना, क्षत्रियों के तथा कृषि कर्म वैश्य के विशेष धर्म कहलाए। शूद्र के कर्म में तीनों वर्णों की सेवा करना, लोहार, कुम्हार, जुलाहा, बढ़ई तथा राज मिस्त्री आदि के कार्य नियत किए गए। वर्णाश्रम-व्यवस्था निश्चित करने के बाद ब्रह्माणी ने ब्रह्मचर्य, गृहस्थ, वानप्रस्थ और संन्यास, चार आश्रमों की व्यवस्था की। इसमें विद्याध्ययन, वन में निवास, भिक्षावृत्ति से उदर-पोषण, गुरु की सेवा, ब्रह्मचारी के धर्म हैं। सुशील कन्या से विवाह करते हुए, अतिथि-सेवा, देवपूजन, भजन, दान, गृहस्थी के आचरणीय धर्म है। वन में निवास करते हुए, फलाहार, स्वाध्याय, तप और यज्ञ करना वानप्रस्थी के धर्म हैं। भिक्षा-वृत्ति, मौन, तप, ध्यान और ज्ञान, वैराग्य संन्यासी के धर्म हैं।

गृहस्थी को चाहिए कि पर्व, उत्सव, उपलक्ष आदि के दिनों को छोड़कर केवल ऋतुकाल में ही पत्नी के साथ समागम करना है, गर्भ धारण के बाद सम्भोग न करना चाहिए। प्रतिदिन वेदों का अध्ययन, स्वाध्याय, देवों और अतिथियों का पूजन तथा प्रातः-सायं यज्ञ, संन्ध्या के समय ध्यान रखना चाहिए। ब्रह्मचर्य, वानप्रस्थ और संन्यास-तीनों आश्रमों का पालन गृहस्थ

आश्रम से ही होता है। इसीलिए वेदों में गृहस्थ को सर्वोत्तम आश्रम माना गया है। धर्म, अर्थ, काम और मोक्ष की प्राप्ति को इसे सर्वोत्कृष्ट साधन बताया गया है। धर्मपूर्वक धन-अर्जन और काम-भोग से मोक्ष का मार्ग सरल हो जाता है। विद्वान लोग धर्म को ही श्रेष्ठत्रिवर्ग-अर्थ, काम, मोक्ष-का साधक मानते हैं। ऐसा व्यक्ति ही लोक में सुख पाता हुआ मोक्ष प्राप्त करता है।

ब्रह्मवादियों का यह मत निश्चित है कि धर्म की जड़ और चेतन जगत को धारण करता है और इसकी प्राप्ति कर्म और ज्ञान से होती है। कर्म दो प्रकार के हैं–प्रवृत्तिमूलक और निवृत्तिमूलक। ज्ञानरहित कर्म प्रवृत्तिमूलक होते हैं, जबकि ज्ञान निहित कर्म निवृत्तिमूलक होते हैं। ज्ञानरहित का अर्थ है–व्यक्ति का स्वयं को कर्त्ता मानकर फल की लालसा से कर्म करना, और ज्ञाननिहित कर्म का अर्थ है–अभिमान, फल-आकांक्षा से रहित कर्त्तव्य के अनुरूप कर्म करना और फल की इच्छा न करना। कर्मफल की इच्छा मनुष्य में सांसारिक रागद्वेष तथा दुख-सुख को जन्म देती है। इसी से आसक्ति को जन्म होता है और परिणामस्वरूप व्यक्ति दुःख का अनुभव करता है।

अतः मनुष्य को कल्याण की भावना से ज्ञानरहित कर्म में ही प्रवृत्त रहना चाहिए। मनु के आचरणीय धर्म का विधान इस प्रकार बताया है–क्षमा, आत्मा का दमन, दया, दान, लोभ विवर्जित, त्याग, सहजता, दूसरों की उन्नति में कष्ट न अनुभव करना, तीर्थयात्रा, सत्य, संतोष, ईश्वर-विश्वास, श्रद्धा, इन्द्रिय-संयम, देव-पूजन, ब्राह्मणसेवा, प्रियवादिता, अहिंसा, किसी की बुराई न करना और चोरी न करना। जो व्यक्ति अपना संपूर्ण जीवन ऊपर बताए गए धर्म के विधान के अनुकूल बिताते हैं, वे देहत्याग करने पर ब्रह्मलोक के वासी होते हैं। युद्ध से पलायन न करने वाला और धर्मपूर्वक प्रजापालक क्षत्रिय इन्द्रलोक को, वैश्य मरुत् लोक को जाते हैं तथा द्विजातियों की सेवा करने वाला शूद्र मृत्यु के पश्चात् गन्धर्व लोक को जाता है। ब्रह्मचर्य का पालन करने वाला ऋषिलोक में, गृहस्थी प्रजापति लोक में, वानप्रस्थी ब्रह्मलोक में, और संन्यासी विष्णुलोक में जाते हैं। ऋषियों ने इस पर भगवान श्रीनारायण से यह पूछा कि योगी के लिए जो एक ही आश्रम का विधान बताया है–इसका रहस्य क्या है? इस पर कुर्मरूपधारी भगवान नारायण ने बताया कि वेदों में सभी आश्रमों के दो रूपों का विधान है। ब्रह्मचर्य आश्रम में मौष्ठिक ब्रह्मचारी, विधिपूर्वक ब्रह्मचर्य आश्रम का पालन करते हुए गृहस्थ धर्म स्वीकार करता है। लेकिन जो ब्रह्मचारी जीवन पर्यन्त ब्रह्मचर्य व्रत धारण करता है वह उपकुर्वाणक होता है। जो गृहस्थी जीवन पर्यन्त अपने कुटुम्ब का पालन करने में लगा रहता है, वह साधक कहलाता है। लेकिन जो तीनों ऋणों से (देव, आचार्य और

पितृ) से मुक्त होकर पत्नी और धन आदि को छोड़कर गृहस्थ अवधि के बाद वन को चला जाता है, वह उदासीन योगी होता है। जो व्यक्ति इस प्रकार अपने परिवार को छोड़कर वन में तप करते हुए, देवों का भजन करते हुए, स्वाध्याय में लीन रहकर वानप्रस्थ अवधि पूर्ण करता है। वह तापस कहलाता है। लेकिन जो योगाभ्यास करते हुए इन्द्रिय संयम के साथ नित्य उन्नति में अग्रसर होता है वह सांन्यासिक कहलाता है।

इसी प्रकार जो व्यक्ति संन्यास अवस्था में आत्म-संतुष्ट, ज्ञान में प्रवृत्त, नित्य तृप्त महामुनि के रूप में जीवन बिताता है, वह पारमेष्ठिक कहलाता है और जो सम्यक् दर्शन से सम्पन्न होता है, वह भिक्षु कहलाता है। कुछ विद्वान लोग पारमेष्ठिक संन्यासी को भी कर्मयोगी, ज्ञान-योगी और सांख्ययोगी रूप से तीन भेद मानते हैं। इस प्रकार वेदशास्त्रों में मूलतः चार आश्रमों का ही विधान है। योगाश्रम का उल्लेख स्वतंत्र रूप से कहीं नहीं है। यह कहा जा सकता है कि सब कर्मों का त्याग करके अचल समाधि का आश्रय लेने वाला व्यक्ति संन्यास आश्रम की दु:साध्य तपस्या से भी आगे बढ़ जाता है। यदि किसी ब्रह्मचारी को ब्रह्मचर्य आश्रम में ही ज्ञान का स्फुरण हो जाये और वैराग्य भावना दृढ़ हो जाए तो वह अपनी सम्यक् परीक्षा देते हुए प्रवजन ले सकता है। लेकिन संन्यास आश्रम में भ्रष्ट होने की अपेक्षा गृहस्थ और वानप्रस्थ होते हुए आगे बढ़ना अधिक युक्तिसंगत है। सामान्यतः ब्रह्मचारी को पच्चीस वर्ष के बाद गृहस्थ आश्रम में प्रवेश करना चाहिए और यज्ञ, होम आदि करते हुए विधिपूर्वक सन्तान-उत्पत्ति करनी चाहिए। यदि गृहस्थ आश्रम में प्रवेश करने के पश्चात् व्यक्ति के मन में वैराग्य उत्पन्न होता है, तो व्यक्ति को चाहिए कि वह अपने गृहस्थ आश्रम के सभी दायित्वों को पूरा होने तक प्रतीक्षा करें। यदि सन्तान नहीं है तो पत्नी की स्वीकृति से व्यक्ति को चाहिए कि वह पहले वानप्रस्थ को ही धारण करे क्योंकि मन के कच्चेपन से वह पुनः वापिस गृहस्थ में लौट सकता है। संन्यास से लौटना कठिन तथा दोषपूर्ण हो जाता है। क्योंकि यदि मन में अर्धविरक्ति वाला व्यक्ति संन्यास ग्रहण कर लेता है तो निश्चय ही उसका पतन होता है। इसलिए गृहस्थ धर्म में रहते हुए ही व्यक्ति को निस्संग तथा निष्काम भाव से अपने कर्त्तव्य का पालन करते रहना चाहिए। पतन से यह दशा कहीं अधिक सुरक्षित है और यह धारणा बनाएं रखनी चाहिए कि ब्रह्मा ही दाता है, वही गृहीता है, व्यक्ति स्वयं कर्त्ता नहीं, वह तो निमित्त मात्र है। वास्तव में ब्रह्म ही उससे सब कुछ करा रहे हैं और इस तरह अपना सब आचरण, सर्वस्त्र ब्रह्म को अर्पित कर देना चाहिए। यही सरल उपाय है क्योंकि काम न करने की अपेक्षा निस्संग, नियत कर्म

करना अधिक उत्तम होता है। देखा जाए तो दोष कर्म में नहीं फल की भावना में है। इसीलिए निष्काम भाव से किए गए कर्म से ही पूर्वजन्मों के और इस जन्म के पाप का क्षय होता है। इसी भाव से मन को प्रसन्नता मिलती है, ब्रह्म की अनुभूति होती है।

कर्ममूलक ज्ञान ही निर्दोष कर्मयोग होता है अतः मनुष्य को अपने-अपने आश्रय के अनुकूल कर्म करने चाहिए। इसी से परम ज्ञान की प्राप्ति होती है। इसी से वह एकाकी, शान्त और अनासक्त होकर जीवनमुक्ति का अधिकारी होता है। जो व्यक्ति कर्मयोगी होता है वह इसी जन्म में सुखोपयोग करता हुआ परम ब्रह्म परमेश्वर के दर्शन पाता है तथा देह के अवसान के बाद उसी परम में विलीन हो जाता है। इसीलिए कहा गया है कि कर्मयोगी अपने कर्म अनुष्ठान से ही परब्रह्म को प्राप्त कर लेता है। उन्हें संतुष्ट करके मोक्ष प्राप्त करता है।

एक बात यह भी ध्यान में रखनी चाहिए कि जो मनुष्य मन से कर्म भावना से जुड़ा रहता है और बाहर से यह दिखाए कि उसने कर्म करना छोड़ दिया है तो वह प्राणी मन के चिन्तन से हुए कर्म-फल को भोगता है क्योंकि जब तक मन संकल्प-विकल्प से सर्वथा उपरत नहीं होता, जब तक वृत्तियां पूर्ण रूप से शान्त नहीं होती, निश्चल और समाहित नहीं होती, जिसके सतत अभ्यास की आवश्यकता हमेशा बनी रहती है, तब तक बाह्य रूप से भी कर्म मुक्त नहीं होना चाहिए। इसमें अविद्वान् भी कर्मों से मुक्ति पा लेता है और विद्वान् भी कर्म को किये बिना मुक्त नहीं हो पाता, वस्तुतः त्याग की वस्तु कर्म नहीं बल्कि कर्मफल है। अतः मनुष्य को कर्म-फल त्यागना चाहिए, कर्म और निष्काम भाव से कर्म करते रहने से भगवान नारायण प्रसन्न होते हैं, उनका सायुज्य लाभ मिलता है।

इस प्रकार वर्णाश्रम-व्यवस्था का विधान करके दक्ष आदि प्रजापतियों से सृष्टि के लिए कहा। ब्रह्मा के आदेश से प्रजापतियों ने प्रजा की सृष्टि करते हुए देव, दानवों और मानव आदि की रचना की। उस समय स्वयं नारायण ने ही अपने को तीन रूपों-ब्रह्मा, विष्णु, महेश-में विभक्त किया। श्रुति में कहा गया है-एका-सा मूर्तिस्त्रिधा विभेदे। इस प्रकार ब्रह्मा को रचने का विष्णु को पालन का तथा शिव को संहार का दायित्व सौंपा। गुण रूप में सत, रज एवं तप से क्रमशः ये तीनों देव युक्त रहते हैं। तीनों ही एक-दूसरे पर आश्रित हैं, और परस्पर अनुराग भी रखते हैं। यदि ये तीनों अपना कार्य न करें तो स्थिति विकट हो जाए। इस कारण ये तीनों ही कार्य के विभाजन के अनुरूप व्यवहार करते हैं।

इन तीनों भूतियों में विद्यमानता कूर्म रूप भगवान नारायण की ही है, मैंने यह विभाजन भी स्वेच्छा से ही किया है। सच्चा तत्त्व यही है कि इन तीनों में अभेद रखा जाय, तीनों की वन्दना-पूजा की जाय। जो इनमें भेद करता है अथवा ऊंच-नीच का भाव रखता है वह नरकगामी होता है तथा वर्णाश्रम धर्म-व्यवस्था का पालन करने वाला, समाहित चित्त से अभेद बुद्धि से आचरण करने वाला त्रिदेव की उपासना करके शीघ्र ही अचल पद पाता है।

इसके पश्चात् मुनियों ने यह आख्यान सुनने पर कूर्म भगवान से निवेदन करते हुए जिज्ञासा प्रकट की कि यह सकल जगत किससे उत्पन्न हुआ है ? यह अखिल ब्रह्माण्ड किसमें लय होगा तथा सारे प्रपंच का नियन्ता कौन है ?

इस प्रकार मुनियों की जिज्ञासा देखकर प्रभु ने कहा कि तत्त्व-चिन्तक जिसे प्रधान कहते हैं, वह अव्यक्त, अपर, सनातन, अनन्त, अप्रमेय तथा सर्वतोमुखी महेश्वर ही सम्पूर्ण विश्व का स्रष्टा है। वही मूल कारण रूप है, उसका व्यक्त रूप ही प्रकृति है, और रूप, गन्ध, रस, शब्द, स्पर्श आदि से सर्वथा रहित, ध्रुव, नित्य, आत्मस्थ, अजर, अमर है, सभी प्राणियों का शरीर है, उसमें ही महत् अधिष्ठित है। उस ब्रह्म का एक दिन ही सृष्टि और रात्रि ही प्रलय है। यह दिन और रात रूप में व्यक्तिकरण एक औपचारिक प्रयोग है अन्यथा उसका न कोई दिन है, न कोई रात्रि। वह तो रात्रि के व्यतीत होने पर जब जागता है तो प्रकृति और पुरुष में प्रविष्ट होकर योग से उनमें क्षोभ उत्पन्न करता है। वह मूलतः एक ही ब्रह्म क्षोभ करने वाला है। उसके क्षोभ से ही महत् बीज उत्पन्न हुआ जिसे आत्मा, मति, ब्रह्म, बुद्धि, ख्याति, प्रज्ञा, धृति स्मृति, संविदन के नाम से पुकारा जाता है। इसकी उत्पत्ति से ही वैकारिक, तैजस और तामसिक, अहंकार जन्मते हैं। इसी को अभिमान भी कहते हैं। इस अहंकार के कारण ही आत्मा स्वयं को कर्त्ता और भोक्ता मान लेता है। उसकी संज्ञा जीव हो जाती है, इसकी सभी वृत्तियां ब्रह्मोन्मुख हो जाती हैं। वह आत्मा शब्द से अभिहित होने लगता है।

अहंकार में क्षोभ उत्पन्न होने पर पंचभूतों, पंच तन्मात्रा और सभी इन्द्रियों का जन्म होता है। इनमें मन को प्रथम इन्द्रिय और अव्यक्त से उत्पन्न माना गया है। इस मन के कारण ही पुरुष कर्त्ता-भोक्ता बनता है, तथा भूतादिकों को देखता-सुनता है। इस प्रकार से उत्पन्न दस इन्द्रियां वैकारिक सृष्टि के अन्तर्गत तथा ग्यारहवें मन को उभय गुण के कारण वैकारिक तथा तैजस सृष्टि के अन्तर्गत रखा जाता है। शब्द तन्मात्रा से आकाश बना। आकाश में शब्द-संचार से वायु, वायु से ज्योति मूलक अग्नि, अग्नि से रसमूलक जल, जल से गन्धमूलक पृथ्वी की उत्पत्ति हुई। इन प्रकार पांच तन्मात्राओं से

पंचभूतों और उन विषयों को ग्रहण करने वाली कर्ण, त्वचा, नेत्र जिह्वा तथा नासिका इन्द्रियों की रचना हुई, शब्द, स्पर्श, प्रकाश, रस, गन्ध क्रमशः आकाश, वायु, अग्नि, जल, पृथ्वी की गुणात्मकता कहलाए। इसमें आकाश (शब्द) वायु (शब्द) स्पर्श अग्नि (शब्द, स्पर्श, रूप) जल (शब्द, स्पर्श, रूप, रस) तथा पृथ्वी (शब्द, स्पर्श, रूप, रस, गन्ध) गुणमूलक हुए।

जब अहंकार, मन तथा पंचभूत-पांच इन्द्रियां भी समग्र रूप से सृष्टि की रचना करने में असमर्थ रहे तो प्रधान पुरुष ने एक अण्ड उत्पन्न किया। विकसित होकर यह क्षेत्रज्ञ कहलाया। अण्ड रूप में उत्पन्न इस परमात्मा का नाम ही प्रथम पुरुष, शरीरी, हंस, सनातन कहलाया। इसी अण्ड से समस्त देव, असुर, दैत्य, मनुष्य, चन्द्रमा, सूर्य, ग्रह, नक्षत्र ...... उत्पन्न हुए। अण्ड के जरायु से पर्वत, उरत्व से मेरु, भीतर के जल से समुद्र बने। बाहर से वह अण्ड वायु से, वायु से दस गुना जल से, जल से दस गुना तेज से, तेज से दस गुना आकाश से घिरा हुआ था। इसी प्रकार महान् परामात्मा से सभी भूतादि आवृत थे।

इस अण्ड से सात लोकों की रचना हुई। इन्हीं लोकों में योगी, तपस्वी, आत्मस्वरूप तथा महात्मा लोग रहते हैं। हे द्विजो ! मेरी माया का इतना ही वर्णन किया जा सकता है, यह सप्त लोकों से युक्त ब्रह्माण्ड ही प्रजापति का व्यक्त रूप है। कुछ विद्वानों का यह मत है कि परमेष्ठी भगवान का शरीर रूप है, इसके भीतर स्वर्णाण्ड से जन्में हिरण्यगर्भ भगवान ब्रह्मा विराजते हैं। वेदों के गहन आदि को जानने वाले मनीषी इस ब्रह्माण्ड को ही भगवान का रूप मानते हैं। कुछ के विचार में यह संसार उस परमेश्वर का रजोगुणी दूसरा रूप है, सतोगुणी रूप तो अव्यक्त निराकर स्वरूप है। यह संसार है तो उनका ही रूप किंतु रजोगुण प्रधान रहने के कारण इस प्रकार से दूसरा ही रूप है।

वास्तव में श्री नारायण ब्रह्म के रजोगुणी रूप का सहारा लेकर चार मुख वाले ब्रह्माजी सृष्टि कार्य में प्रवृत्त होते हैं और ब्रह्म के सतोगुणी रूप को धारण करके सकल विश्व के आश्रय विष्णु जी स्वयं रचे हुए जगत की रक्षा और उसका पालन करते हैं। और तमोगुण के द्वारा भगवान शंकर महादेव सृष्टि का संहार करते हैं। इस तरह परब्रह्म का एक ही अनादि रूप निर्गुण, निरंजन, महादेव तीनों रूपों में सृष्टि, रक्षा और लय के निमित्त से तीन रूप धारण करते हैं। इनमें वह योग योगेश्वर ही अपनी लीला से अनेक आकृतियां, क्रियाएं और रूप बनाते हुए उनका धारण, अवधारण करता रहता है। वह सृजन, रक्षण और ग्रसन कार्य भक्तों के हित के लिए ही करता है। हिरण्यगर्भ से उत्पन्न होने से सनातन आदि में विद्यमानता के कारण आदि, जन्म रहित

होने के कारण अजन्मा, प्रजा की रक्षा के कारण प्रजापति, सभी प्राणियों में बृहत होने के कारण ब्रह्म, देवों में महान होने के कारण महादेव, परात्पर और ईश्वर होने के कारण परमेश, सभी को अपने वश में रखने और किसी के वश में न रहने के कारण ईश्वर, सर्वव्यापक होने से ऋषि, सबके तापों का हरण करने के कारण हरि, स्वयं से स्वयं ही उत्पन्न होने के कारण स्वयंभू तथा जल में निवास के कारण नारायण, संसार के दुख ताप को हरण करने के कारण हर, सर्वत्र व्यापक होने के कारण विष्णु, तथा सर्व विज्ञान-वेत्ता होने के कारण भगवान, जीव मात्र का रक्षक होने से ओइम्, सभी पदार्थों को जानने वाला होने से सर्वज्ञ, सबमें अपनी सत्ता समान रूप से रखने के कारण सर्व, निर्मल और कल्याण करने वाला होने के कारण शिव, सबको दुखों से तारने वाला होने के कारण तारक कहलाता है। इस प्रकार भेद, उपभेद से एक परमेश्वर ही तत्त्व-ज्ञानी इसे प्राकृत सर्ग मानते हैं और बुद्धिहीन ब्राह्मी सृष्टि।

स्वयंभू भगवान के निवृत्त काल को कल्पित रूप से दो पराधों में विभक्त किया जाता है। प्रथम के अन्त में ही स्वयंभू सृष्टि-रचना में प्रवृत्त होते हैं और अपने निजी काल मत से ये आयु सौ वर्ष होती है। पितरो और देवों के सहस्त्रों वर्षों की अवधि चतुर्योगी होती है।

चारों युगों की कुल अवधि बारह हजार दिव्य वर्ष है। सतयुग की आयु चार सहस्र दिव्य वर्ष तथा चार सौ संध्याएं और चार सौ संध्यांश है। त्रेता की आयु तीन सहस्र वर्ष, तीन सौ संध्याएं और संध्यांश, द्वापर की आयु दो सहस्त्र, दिव्य वर्ष, दो सौ संध्याएं तथा संध्यांश होते हैं। कलियुग की आयु एक सहस्र वर्ष तथा एक सौ सध्याएं और संध्यांश होते हैं। इस प्रकार चार + तीन + दो + एक = दस सहस्र दिव्य वर्ष, चार + तीन + दो + एक = दस सौ संध्यााएं तथा दस सौ संध्यांश होते हैं। कुल मिलाकर चारों युगों में दस, एक + एक = बारह सहस्त्र वर्ष होते है।

सतयुग = 4000 दिव्य वर्ष, 400 संध्याएं, 400 संध्यांश = 4800 काल।
त्रेता = 3000 दिव्य वर्ष, 300 संध्याएं, 300 संध्यांश = 3600 दिव्य वर्ष
द्वापर = 2000 दिव्य वर्ष, 200 संध्याएं, 200 संध्यांश = 2400 दिव्य वर्ष
कलियुग = 1000 दिव्य वर्ष, 100 संध्याएं, 100 संध्यांश = 1200 दिव्य वर्ष।
कुल = 4800 + 3600 + 2400 + 1200 = 12000

चारों युगों की सप्तति (सत्तर संख्या) एक मन्वंतर काल-दिव्य वर्ष बारह हजार गुणा सत्तर = आठ लाख चालीस हजार दिव्य वर्ष = सौ संध्याएं

+ संध्यांश सहित। ब्रह्मा के एक दिन में चौदह मन्वन्तर होते हैं। इस आधार पर उनका एक दिन नौ सौ अस्सी चतुर्युगी अर्थात आठ लाख चालीस हजार गुणा चौदह = एक करोड़ तीन लाख साठ हजार दिव्य वर्ष होता है। इसी परिमाण में ब्रह्माजी की एक रात्रि होती है। ब्रह्मा के एक दिन का अर्थात् एक सहस्र चतुर्युगी का नाम ही एक कल्प है। इस प्रकार ब्रह्मा की आयु तीन सौ कल्प आंकी गई है। ब्रह्मा के एक दिव्य वर्ष के परिमाण के समान का शिव का एक दिन-रात होता है और शिव का एक वर्ष मेरा एक दिन-रात। ब्रह्मा की आयु की पूर्णता या समाप्ति काल ही प्रलय कहलाती है। इसी को प्राकृतलय भी कहते हैं। ऐसा कहते हुए श्री कूर्म भगवान ने बताया कि इस समय ब्रह्मा का पूर्वार्द्ध समाप्त हो गया है और परार्द्ध चल रहा है। इसमें पाद्म नामक पहला कल्प अभी व्यतीत हुआ है और वराह कल्प आरम्भ हुआ है। इसका परिचय देते हुए भगवान कूर्म ने बताया कि घने अन्धकार, सीमा रहित और जाने-आने से रहित एक शान्ति सागर अत्यन्त भयानक था। जिसमें सभी जड़-चेतन विलीन हो गए और हजारों नेत्रों, हजारों चरणों, हजारों सिरों तथा सुनहरे रंग और इन्द्रियों से परे अतीत ब्रह्म नाम के नारायण का जन्म हुआ। जो समुद्र के जल मे ंही निद्रामग्न हो गया। चारों तरफ जल से घिरे रहने के कारण यह अनादि देव्र नारायण कहलाया। हजारों युगों वाली अवधि की दीर्घ रात्रि के बीत जाने पर जब श्री नारायण सृष्टि-रचना के लिए जागते हैं तो वह पृथ्वी उन्हें जल में भीतर घंसी हुई दिखलाई देती है। पृथ्वी का उद्धार करने के लिए में वराह का रूप धारण कर समुद्र के रसातल में अपनी दाढ़ों से पृथ्वी को उठाकर जल से बाहर खींच लाते हैं। वराह अवतार के रूप में श्री नारायण के इस पौरुष को देखकर जन-लोक में तपस्यारत सिद्ध-मुनि, सनकादि ऋषि, उनकी बहुविध स्तुति करते हैं।

ब्रह्म ऋषियों की स्तुति से प्रसन्न होकर वराह रूपी भगवान पृथ्वी को जल के ऊपर विस्तृत आकार में फैलाकर नौका के समान छोड़ देते हैं और अपने वास्तविक रूप में आ जाते हैं। प्रभु की कृपा से ही सभी पर्वत आदि की पुनः प्रतिष्ठा हो जाती है। कल्प के प्रारम्भ में जब श्री नारायण पुनः सृष्टि करने का विचार करते हैं तो सबसे पहले तम, महा, तामिस्र, अन्ध और अविद्या नाम की अज्ञानमयी, तमोमयी, पांच प्रकार की सृष्टि उत्पन्न होती है। ये बाहर-भीतर से अन्धकार से घिरी निश्चल होती है। स्वयंभू देव इसे अवांछनीय मानते हुए, तिरछे उड़ने वाले पक्षियों की सृष्टि करते हैं, यह भी अवांछनीय हो जाती है। इसके बाद सात्विक सृष्टि की रचना करते हैं जो

भीतर बाहर से सुख प्रीति और प्रकाश से परिपूर्ण थी। यह देव-सृष्टि कहलायी। इसके पश्चात् भगवान नारायण ने पुनः ध्यान करके सुख-दुखमयी, रज और तम गुण वाली मानसी सृष्टि की रचना की। इसके बाद भूतादिको की रचना की। इस प्रकार निम्न सृष्टियां अस्तित्व में आई।

प्राकृत सर्ग-(1) महत सर्ग, (2) तन्मात्राएं, (3) इन्द्रियां (विकारों सहित)।

विकृत सर्ग-(4) स्थावर सर्ग, वनस्पतियां आदि (5) तिर्यक् सर्ग, पक्षी- पशु आदि, (6) देव सर्ग (सात्विक सृष्टि), (7) मनुष्य सर्ग (रज-तम गुणी), (8) भूतादिक सर्ग (भौतिक सृष्टि), (9) कौमार सृष्टि (प्रकृति, विकृति का समन्वित रूप) मुख्य और आदि श्रेष्ठ सात्विक और बौद्धिक सृष्टि के अन्तर्गत आते हैं। ब्रह्मा ने अपने समान ही अपने पांच मानस पुत्रों की रचना की। इनमें सनक, सनातन, सनन्दन, ऋतु और सनत्कुमार हुए। इनका चित्त आगे सृष्टि कार्य में नहीं लगा। ये लोग सभी तापस जीवन को ग्रहण करते हुए वैराग्यमार्गी हो गए। ब्रह्मा को पुनः श्री नारायण ने प्रबोधित किया। इस पर ब्रह्मा ने तप का सहारा लिया किन्तु तप से भी उन्हें कुछ न प्राप्त हो सका। इसके परिणामस्वरूप ब्रह्माजी को अपनी सफलता पर दुख हुआ, सफलता से क्रोध उत्पन्न हुआ, क्रोध से नेत्रों से अश्रु गिरने लगे और भौहें टेढ़ी हो गई। जिससे नीलाकार महादेव उत्पन्न हुए। ये वही महादेव स्वरूप हैं जिन्हें विंद्वान लोग सनातन और तेज राशि के रूप में अपने भीतर अनुभव करते हैं। महादेव के समक्ष हाथ जोड़कर ब्रह्माजी ने सृष्टि रचने का निवेदन किया तो शिव ने अपने ही समान खप्परधारी, भयरहित तीन नेत्रों वाले, सांवले लाल रंग वाले रुद्रों की सृष्टि की। ब्रह्माजी ने इस सृष्टि को देखकर महादेव से कहा कि हे प्रभु-आप जन्म-मृत्यु वाली प्रजा की सृष्टि करें। इस पर महादेव बोले कि हे जगतपति! मैं जन्म लेने वाली, वृद्ध होने वाली और मरने वाली सृष्टि की रचना करुंगा, किन्तु प्रजा की सृष्टि आप ही करें। यह सुनकर ब्रह्मा ने स्वयं स्थान अभिमानी देवों क़ो उच्चारित करते हुए प्रबोधित किया। इनमें जल, अग्नि, अन्तरिक्ष, देवलोक, वायु, पृथ्वी, नदियां, नद, समुद्र, पर्वत, वृक्ष, वनस्पतियां, काल-लव काष्ठा-कला मुहूर्त्त, दिन-रात्रि पक्ष-मास, अयन-वर्ष युग आदि के बाद साधकों की सृष्टि की! ब्रह्मा ने विभिन्न अंगों से विभिन्न महात्माओं की सृष्टि की। जो निम्नवत् है-

1. प्राण से दक्ष, 2. चक्षु से मरीचि, 3. शिर से अंगिरा, 4. हृदय से भृगु, 5. नेत्र से अत्रि, 6. व्यवसाय से धर्म, 7. संकल्प से संकल्प, 8. उदान वायु से पुलस्त्य, 9. व्यान वायु से पुलह, 10. अपान वायु से ऋतु, 11. समान

वायु से वसिष्ठ की रचना की। इन सभी साधकों ने मानव रूप धारण करके धर्म को आगे बढ़ाते हुए उसका प्रवर्तन किया। इसके पश्चात् ब्रह्मा ने देव, असुर, पितर और मनुष्य सृष्टि करने में प्रवृत्ति किया। जंघा से असुर उत्पन्न किया जिससे रात्रि बनी। इसीलिए रात्रि की बेला तम से बहुल होती है, और इसमें जन निद्रा में मग्न हो जाते हैं। इसके पश्चात् ब्रह्मा ने सतोगुणी देव शरीर को धारण करके अपने मुख से धर्मात्मा देवता को उत्पन्न किया। ब्रह्मा ने उस शरीर को छोड़ने से प्रकाश वाला दिन उत्पन्न हो गया। ब्रह्मा ने सतोगुणी रूपी शरीर से उत्पन्न होने के कारण ही दिन इतना प्रकाशमान है और उसमें सभी अच्छे कर्म सम्पन्न किए जाते हैं। ब्रह्मा के एक और सतोगुणी शरीर को धारण करने से पितर उत्पन्न हुए। पितरों के उत्पन्न होने के पश्चात् ब्रह्मा के शरीर छोड़ने से सन्ध्या उत्पन्न हुई। इसी कारण दिन को देवों का, रात्रि को असुरों की और सन्ध्या को पितरों का कहा जाता है। सतोगुणी लोग दिन में अधिक सक्रिय होते हैं तथा तमोगुणी रात्रि में। सन्ध्या के समय देवगण, दानव, असुर, मुनि, मानव सभी शान्त रहते हैं। सभी अपने पितरों को याद करते हैं एवं उनका अर्चन करते हैं।

इसके पश्चात् ब्रह्मा ने रजोगुणी शरीर को धारण करके राजसी वृत्ति के लोग उत्पन्न किये। ब्रह्मा के शीघ्र ही उस शरीर को छोड़ देने से चांदनी उत्पन्न हुई जो प्राक्-सन्ध्या कहलाती है। इसके पश्चात् ब्रह्मा ने तमोगुण और रजोगुण को मिश्रित रूप से धारण किया जिससे अंधेरे में घुमने वाले और बहुभक्षी असुर, सर्प, यक्ष, भूत, गन्धर्व इत्यादि उत्पन्न हुए। इसी रजो और तमोगुणी शरीर से ब्रह्मा ने छाती से कौवी-कौओं, मुख से बकरी-बकरों, उदर से गाय-बैलों, पैरों से घोड़ी-घोड़ों, हथिनी-हाथियों, गधी-गधों, ऊंटिनी-ऊंटों, और मृगी-मृगों को उत्पन्न किया। ब्रह्मा के रोमों से औषधियां और फलमूलों का आविर्भाव हुआ। ब्रह्मा के पहले मुख से गायत्री, ऋचाएं, साम, यजु, त्रिवृत्त, जगती, निष्टुप्, छन्द तथा यज्ञों के अग्निष्टोम उत्पन्न हुए।

इस प्रकार ब्रह्म ने चारों सर्ग अर्थात देव, ऋषि, पितर और मनुष्य की रचना करने के पश्चात् फिर उन्होंने यक्षों, पिशाचों, गन्धर्वों, भूतों, अप्सराओं, किन्नरों, राक्षसों, पशुओं, मृगों, सर्पों, आदि के साथ वन, वृक्ष, लता, गुल्म इत्यादि की भी रचना की। यह सभी प्रकार की सृष्टि नाशवान है। इन्हें अच्छे-बुरे कर्म के अनुसार ही फल भुगतने पड़ते हैं। ब्रह्मा ने ही इन जीवों के नामकरण किये हैं और आपसी व्यवहार के लिए भाषा, बोली, संकेत, शब्द अर्थ आदि की भी व्यवस्था की है। सृष्टि का यह क्रम युगों-युगों तक देखने को मिलता है। ब्रह्मा के इस प्रकार सृष्टि की रचना करने के पश्चात्

जब सृष्टि का विस्तार नहीं हुआ तो उन्हें चिन्ता हुई। विचार करने पर उन्हें ज्ञात हुआ कि तमोगुण की अधिक मात्रा ही इसका कारण है। अतः उन्होंने तमोगुण का त्याग करके रजोगुण और सतोगुण को अपनाया तो युग्मरूप में एक मिथुन-जोड़ा उत्पन्न हुआ। जब ब्रह्मा ने उस युग्म को अलग-अलग किया, आधे शरीर से पुरुष और आधे शरीर से स्त्री उत्पन्न हुई। ब्रह्मा ने पुरुष का नाम मनु और स्त्री का नाम शतरूपा रखा।

मनु और शतरूपा ने मिलकर कठिन तपस्या की, जिससे प्रियव्रत और उत्तानपाद नाम के दो पुत्र और प्रसूति, आकूति नाम की दो कन्याएं हुई। प्रसूति का विवाह दक्ष प्रजापति से और आकूति का विवाह रुचि प्रजापति से हुआ। आकूति के यहां यक्ष नाम का पुत्र तथा दक्षिणा नाम की पुत्री का जन्म हुआ। यक्ष के यहां दक्षिणा के गर्भ से 12 पुत्र उत्पन्न हुए जो याम कहलाते थे। प्रसूति के यहां 24 कन्याएं उत्पन्न हुइ। जिनमें से–श्रद्धा, लक्ष्मी, घृति, तुष्टि, पुष्टि, मेघा, क्रिया, बुद्धि, लज्जा, वपु, शान्ति, सिद्धि और कीर्ति, इन तेरह का विवाह धर्म अनुसार हुआ। शेष ग्यारह–ख्याति, सती, सम्भूति, स्मृति, प्रीति, क्षमा, सन्तति, अनसूया, ऊर्जा, स्वाहा तथा स्वधा–का विवाह क्रमशः भृगु, भव, मरीचि, अंगिरा, पुलत्स्य, पुलह, ऋतु, अत्रि, वसिष्ठ, वह्नि, तथा पितर से हुआ। धर्म अनुसार विवाह होने वाली के वंश इस प्रकार हैं। श्रद्धा का काम, लक्ष्मी का दर्प, धृति का नियम, तुष्टि का सन्तोष, पुष्टि का लाभ, मेघा का शम, क्रिया के दण्ड और न्याय, बुद्धि के बोध और प्रमाद, लज्जा का विनय, वपु का व्यवसाय, शान्ति का क्षेत्र, सिद्धि का सिद्ध तथा कीर्ति का यश हुआ। श्रद्धा के पुत्र काम ने हर्ष को तथा हर्ष ने आनन्द को उत्पन्न किया। इधर हिंसा से अधर्म को अपनाकर निकृति और अनृत को जन्म दिया। निकृति से भय, नरक, माया और वेदना का जन्म हुआ। भय और माया के मिलने से प्राणियों का जीवन लेने वाली मृत्यु का जन्म हुआ। वेदना से दुख का आविर्भाव हुआ। मृत्यु से रोग, बुढ़ापा, शोक, तृष्णा और क्रोध का जन्म हुआ। दुखःदर्द आदि अधर्म की ही सन्तान है। इनका कोई परिवार नहीं है।

इसके पश्चात् नारद आदि महर्षियों ने श्री नारायण विष्णु की प्रणाम करते हुए भगवान शंकर के बारे में जानकारी देने का निवेदन किया। इस पर श्री कूर्म ने बताया कि पिछले कल्प के बीत जाने पर तीनों लोकों में घना अंधेरा छा गया। चारों ओर भयानक समुद्र के सिवाय कुछ भी शेष नहीं था। उस समय उस निर्जन स्थान पर श्री नारायण, शेषनाग की शय्या बनाकर जल में सो गए। सोते समय ही उनकी नाभि से स्वर्णकमल उत्पन्न हुआ। यह कमल सौ कोस चौड़ा, दोपहर के सूर्य के समान चमकीला तथा केसर-कस्तूरी की

तरह गन्ध वाला था। उसी दिव्य कमल से कुछ समय के पश्चात् ब्रह्मा उत्पन्न हुए। ब्रह्मा भी उसी स्थान पर पहुंच गये जहां पर भगवान नारायण निद्रा में लीन थे। श्री नारायण की माया को देख ब्रह्मा ने पूछा–हे श्रेष्ठ पुरुष ! इस सुनसान और अन्धकारमय इतने भयंकर समुद्र में निडर होकर सोने वाले आप कौन है? ब्रह्मा के इस प्रकार के वचनों को सुनकर श्री नारायण ने हंसते हुए बताया–हे महात्मन् ! मैं सभी लोकों की सर्जना करने वाला हूं और पुरुषों में उत्तम ईश्वर हूं। ये सभी समुद्रों, पर्वतों, द्वीपों सहित सारा ब्रह्माण्ड मुझसे ही समाया हुआ है और मैं इसके कण-कण में विराजमान हूं। सब कुछ जानते हुए भी श्री नारायण ने ब्रह्मा से उसका परिचय जानना चाहा। इस पर ब्रह्मा ने बताया कि मैं स्वयं पितामह हूं। मैं ही जगत् को चलाने वाला हूं।

यह सारा जगत मुझमें ही विद्यमान है। इसके पश्चात् भगवान विष्णु ब्रह्मा के शरीर में प्रवेश कर गये। ब्रह्मा के उदर में देवों, असुरों, और मनुष्यों सहित सारे ब्रह्माण्ड को देखकर उन्हें बड़ा आश्चर्य हुआ। श्री नारायण ब्रह्मा के मुख से बाहर निकलकर ब्रह्मा से बोले कि आप भी मेरे उदर में प्रवेश करके इस सारे ब्रह्माण्ड को देख लीजिए। ब्रह्मा ने भी विष्णु के योगशक्ति के द्वारा सभी लोकों के सभी द्वार बन्द हो जाने के कारण ब्रह्मा भटकते रह गये। अन्ततः उन्हें नाभिद्वार खुला मिला और वे बाहर आ गए।

ब्रह्मा को इस बात का आभास हो गया था कि भगवान विष्णु ही वास्तव में विश्व के ईश्वर और मेरे भी आश्रयदाता और परम-पद हैं। इसके पश्चात् ब्रह्मा ने बड़े ही विनम्र स्वर में श्री नारायण से कहा कि हे प्रभो! मैं भी तो आपका ही रूप हूं। फिर आपने किस इच्छा से यह लीला रची थी। इस पर श्री नारायण ने प्रेमपूर्वक उन्हें शान्त करते हुए कहा कि वास्तव में इस सृष्टि की धारणा करने वाले और पालने वाले आप ही तो हैं। मैंने अपने उदर के कपाट किसी द्वेष के कारण नहीं बन्द किए थे। मैंने तो आपको केवल अपनी माया दिखाई है। यह मैंने आपका अपमान नहीं किया है और न ही मेरा ऐसा कोई विचार था।

इस प्रकार श्री नारायण ने ब्रह्मा को पुत्ररूप में स्वीकार करके पद्मोयोनि का नाम दिया। श्री विष्णु के इस प्रकार ब्रह्मा को सन्तुष्ट करने से ब्रह्मा में अंहकार ने जन्म लिया। वे श्री विष्णु से कहने लगे कि हम दोनों के अतिरिक्त यहां कोई परमेश्वर नहीं है। ब्रह्मा के इस प्रकार अहंकार युक्त वचन सुनकर श्री भगवान वासुदेव ने उन्हें प्रबोधित किया और कहा कि–आपकी यह धारणा कि मैं ही जगदीश्वर हूं–आपके लिए विनाश का कारण हो सकती है। क्या आप स्वयं में अपने से भिन्न अव्यय, ब्रह्माधिपति, प्रधानपुरुष, परमेश्वर

के होने का अहसास नहीं करते? इसके पश्चात् भगवान नारायण ने ब्रह्मा से अनुरोध किया कि वे भगवान शंकर की शरण में जाएं।

भगवान नारायण के इस प्रकार के वचनों को सुनकर ब्रह्मा क्रोधित होते हुए बोले कि हम दोनों ही ईश्वर हैं। हमसे बड़ा अन्य कोई नहीं, मैं इस तथ्य को निश्चित, नित्य, अनादि, अनन्त तथा अविचल मानता हूं। आप जिस परमेश्वर की बात करते हैं वह केवल अज्ञान तथा भ्रम ही है। ऐसा लगता है कि आप अभी निद्रा में ही है। मैं आपसे अनुरोध करता हूं कि आप सत्य को पहचानने की कोशिश करें। क्रोधित ब्रह्मा के इस प्रकार के अहंकार युक्त शब्द सुनकर श्री नारायण विष्णु ने कहा कि हे ब्रह्मन्! देवशक्ति की इस प्रकार से निन्दा करना शोभा नहीं देता। हो सकता है महेश्वर को अनन्त परमेश्वरी माया से आप भी मोहित हो रहे हों। इसीलिए सत्य की न समझ पा रहे हों। इतना कहकर श्री विष्णु भगवान मौन हो गए। उसी समय भगवान शंकर अपने सम्पूर्ण रूप में ब्रह्मा के समक्ष उपस्थित हो गए। ब्रह्मा भगवान शंकर के उस दिव्य रूप को देखकर चिन्तित हो उठे।

ब्रह्मा ने विष्णु से पूछा कि यह नील वर्ण वाला, तेज राशि वाला, तथा मन को मोहने वाला पुरुष कौन है ? जो हमारी ओर आ रहा है। भगवान विष्णु ने कहा–यही स्वयं प्रकाशमान, सनातन, लोकों के ईश्वर, देवों के देव महादेव शंकर है। इन्हें ही शिव, शम्भु, महेश और ईशान नामों से पुकारा जाता है। ये ही सभी प्राणियों के स्वामी, सभी में निवास करने वाले, धाता तथा विधाता है। यती लोग तप तथा समाधि में लीन होने पर अपनी सिद्धि की प्राप्ति के रूप में इन्हीं के दर्शन करते हैं। ये ही संसार के रचने वाले, पालने वाले और विनाश करने वाले हैं। इन्हीं भगवान शिव ने आपकी उत्पत्ति करके आपको वेद प्रदान किए हैं। इसके पश्चात श्री विष्णु नारायण ने भगवान शंकर और स्वयं उनके बारे में सब कुछ समझ पाने के लिए ब्रह्मा को दिव्य नेत्र प्रदान किया। इस दिव्य नेत्र के प्राप्त हो जाने पर ब्रह्मा को परम ज्ञान हो गया और उन्होंने ओंकार के उच्चारण से अथर्वण मन्त्रों के द्वारा शिव का स्तवन आरम्भ कर दिया।

ब्रह्मा की इस प्रकार की स्तुति से प्रसन्न होकर शिव ने कहा–वत्स! तुम मेरे भक्त हो, मेरे ही समान हो, इसलिए मुझे प्रिय हो। मैंने तुम्हें इस लोक की सृष्टि करने के लिए उत्पन्न किया है। तुम मेरे ही शरीर से उत्पन्न हुए हो, इसलिए आदि पुरुष हो और मेरा ही रुप तुम्हारे अन्दर विद्यमान है। मैं तुम्हें वर देना चाहता हूं, अपनी इच्छा से वर मांग लो।

ब्रह्मा ने देवों के देव भगवान शंकर के वचन सुनकर श्री विष्णु की ओर देखा और शिव को प्रणाम करते हुए कहा–हे देवों के देव, महादेव–मैं आपकी माया के बहुत अधिक मोहित हो गया था अतः आपके परमभाव को सही रूप में नहीं जान पाया। आप तो भक्तों के आराध्य देव, माता, पिता भ्राता और मित्र है। मैं आपकी शरण में आकर आपको प्रणाम करते हुए, यह वर मांगता हूं कि या तो आप मेरे पुत्र बनें या मुझे आपके समान ही पुत्र की प्राप्ति हो। ब्रह्मा के भक्तिभाव से भरे वचनों की सुनकर श्री शंकर भगवान ने कहा–पुत्र ! मैं तुम्हारी इच्छा की पूर्ति अवश्य करुंगा। तुम्हें ज्ञान, ऐश्वर्य और प्रभुता से सम्पन्न पुत्र की प्राप्ति अवश्य होगी। मैंने तुम्हें सृष्टि की रचना करने वाला बनाया है अब तुम माया के सहयोग से इस कार्य को पूर्ण करो।

इसके पश्चात भगवान शंकर ने विष्णु से वर मांगने को कहा। इस पर विष्णु जी प्रसन्न होते हुए बोले कि मेरा तो सबसे बड़ा सौभाग्य यही है कि आपने अपने दर्शन–लाभ का सुअवसर मुझे दिया है। लेकिन मेरे मन में एक अभिलाषा अवश्य है कि आप मुझे अपनी भक्ति प्रदान करने की कृपा करें। विष्णु भगवान से इस प्रकार के वचन सुनकर शिव ने कहा कि आप तो सब कुछ करने वाले हैं। जो कुछ भी आप करते हैं उसमें मेरा ही अंश विद्यमान रहता है। वास्तव में हम दोनों एक हैं। आप सूर्य हैं तो मैं चन्द्र हूं, आप रात्रि हैं तो मैं दिन हूं, आप प्रकृति हैं मैं पुरुष हूं, आप ज्ञाता हैं मैं ज्ञान हूं। तो फिर हम दोनों में भेद करना कठिन है। अतः आप तो केवल देवों दानवों और मानवों की इस सृष्टि का पालन करें।

यह कहकर भगवान शंकर अपने दिव्य धाम को लौट गए। भगवान शंकर के लौट जाने पर ब्रह्मा विष्णु की नाभि के द्वारा कमल में प्रवेश कर गए। बहुत समय के बाद श्री विष्णु के कान के मैल से उत्पन्न मधु और कैटभ नाम के दो राक्षस क्रोध में भरे हुए वहां आए। उन्हें वहां आया देखकर ब्रह्मा ने श्री विष्णु भगवान से कहा कि भगवान शंकर को कष्ट पहुंचाने वाले इन दैत्यों को आप समाप्त करें। तब श्री नारायण भगवान ने विष्णु और जिष्णु नाम के दो पुरुषों को उत्पन्न किया। दोनों दैत्यों से इनका युद्ध हुआ, जिसमें जिष्णु ने कैटभ को और विष्णु ने मधु को जीत लिया। इसके पश्चात श्री विष्णु ने ब्रह्मा के तेजस्वीरूप को उठाने में असमर्थता दिखाई और ब्रह्मा से कमल के नीचे आने का निवेदन किया। तब ब्रह्मा श्री विष्णु के शरीर में प्रवेश कर गए और उन्हीं के साथ मिलकर निद्रा में मग्न हो गए। बहुत समय तक निद्रा का सुख भोगने के पश्चात् श्री नारायण ने प्रभात होने पर चतुर्मुख देव का रूप धारण करके वैष्णवी प्रजा की सृष्टि की। इसके पश्चात् सनन्दन,

सनक, ऋभु, सनत्कुमार और सनातन की रचना की। क्योंकि ये पांचों वैरागी थे अतः इन्होंने सृष्टि-रचना में मन न लगाकर ज्ञान प्राप्ति में ही अपने आपको लगाया। तब श्री विष्णु भगवान ने ब्रह्मा को शंकर के द्वारा मांगा गया, अपना पुत्र बनने का वर याद दिलाया।

ब्रह्मा प्रजा की सृष्टि के लिए कठिन तप करने लगे परन्तु उन्हें उसका सुफल प्राप्त न हो सका। तब ब्रह्मा को बड़ा दुःख हुआ। उनके इस दुःख से क्रोध का जन्म हुआ और क्रोध में अश्रुबिन्दु निकल पड़े, जिनसे भूत-प्रेतों का जन्म हुआ। अपने सामने भूत-प्रेतों को देखकर ब्रह्मा ने प्राण-छोड़ने का निश्चय किया। उसी समय ब्रह्मा के मुख से भगवान शंकर का आविर्भाव हुआ। भगवान शंकर ने उत्पन्न होते ही ऊंचे स्वर में विलाप करना प्रारम्भ कर दिया। जन्म लेते ही रोने के कारण उनका नाम रुद्र रूप में जाना जाता है। इसके पश्चात् ब्रह्मा ने भगवान शिव को सात अन्य नाम दिये जो इस प्रकार हैं–भव, सर्व (अथवा शर्व) ईशान, पशुपति, भीम, उग्र तथा महादेव। इन आठ नामों से आठ पत्नियां तथा आठ पुत्र दिए। जो निम्न तालिका में दर्शाए गए हैं।

संख्या	शिव	निवास	पत्नी	पुत्र
1.	रुद्र	सूर्य	सुवर्चला	शनैश्चर
2.	भव	जल	उमा	शुक्र
3.	शर्व	मही	विकेशी	लोहितांग
4.	ईशान	वह्नि	शिवा	मनोजल
5.	पशुपति	वायु	स्वाहा	स्कन्द
6.	भीम	आकाश	दिशा	सर्ग
7.	उग्र	ब्राह्मण	दीक्षा	सन्तान
8.	महादेव	चन्द्र	रोहिणी	बुध

ब्रह्मा के मुख से उत्पन्न होने के पश्चात् भगवान शंकर ने वैराग्य धारण कर लिया। उन्होंने स्वयं में लीन होकर ब्रह्मा के शाश्वत एवं अक्षर पद का आश्रय लिया। जब ब्रह्मा ने भगवान शंकर को सृष्टि-रचना का आदेश दिया तो शिव ने अपने समान ही करोड़ों रुद्रों की रचना कर डाली। यह देखकर ब्रह्मा ने शिव से सुख-दुःख तथा जन्म-मृत्युमयी सृष्टि की रचना करने का निवेदन किया। इस पर शिव ने कहा कि मेरी सृष्टि तो जन्म-जरा और मरण से रहित होगी। इससे अलग रूप की सृष्टि की रचना तो आप ही करें। तभी से भगवान शंकर ने अन्य प्रजा की सृष्टि बन्द कर दी और अपने रुद्र परिवार

में ही सुखी रहने लगे। इसी कारण ये स्थाणु नाम से भी जानें जाते हैं। भगवान शंकर में दस गुण सदा विद्यमान रहते हैं, जो है–ज्ञान, वैराग्य, ऐश्वर्य, तप, सत्य, क्षमा, धृति, दृष्टत्व, आत्म-सम्बोध तथा अधिष्ठातृ। जब ब्रह्मा ने अपने ज्ञान रूपी मंत्रों से भगवान शंकर को परमेश्वर रूप में देखा, तो उनका बहुविधि इस प्रकार अर्चन किया।

हे देवों के देव, भगवान शंकर महादेव। आप ही सारे ब्रह्माण्ड के रचने वाले, धारण करने वाले तथा संहार करने वाले हैं। आप ही ईश्वर, महादेव, महेश्वर तथा परब्रह्म परमात्म देव हैं। आप ही इस सारे विश्व के अनन्त पुरुष हवे, आप ही प्रधान और प्रकृति हैं। आप ही पृथ्वी, जल, अग्नि, वायु, आकाश तथा अहंकार है। आप परात्पर है, अक्षर ज्योति है, काल स्वरूप परमेश्वर है। आप ही शान्त, शिव, परमेष्ठी है, कालातीत शंकर अनादि पुरुष हैं। हे प्रभु ! मैं नित्य आनन्दरूप, सकल जगत के आधार परमेश्वर भगवान शंकर की शरण मे आकर सहायता तथा रक्षा के लिए निवेदन करता हूं।

भगवान शंकर ब्रह्मा की स्तुति से प्रसन्न होकर बोले कि मैंने आपका इच्छित आपको दे दिया है। मैंने स्वयं को ब्रह्मा, विष्णु और शिव–तीन भागों में विभक्त कर संसार की रचना की है। मेरे दक्षिण अंग से ब्रह्मा की, वाम अंग से विष्णु की और हृदय से शिव की उत्पत्ति हुई है। इन तीनों के द्वारा ही प्रजा का जन्म, पालन और विनाश होगा। मैं तीनों रूपों में ही विद्यमान हूं। ये सभी रूप मेरी माया द्वारा उत्पन्न रूप हैं। मेरा वास्तविक रूप तो एक ही है और वह है महादेव का रूप। मेरे द्वारा प्राप्त की गई सामर्थ्य से आप अपने सभी उद्देश्यों में सफल होंगे। अब आप अपनी इच्छा के अनुसार मृत्युमयी सृष्टि की रचना करें। ऐसा कहते हुए भगवान शंकर अपने सभी मानस-पुत्रों के साथ अन्तर्धान हो गए।

इसके पश्चात् ब्रह्मा ने प्रजा की सृष्टि की। उन्होंने नारायण नामक प्रजापति के समान ही नौ ब्राह्मणों की रचना की और उन मानस पुत्रों के साथ कठिन तपस्या की। ब्रह्मा कठिन तपस्या में लीन थे तब उनके मुख से अर्ध नारीश्वर के रूप में भगवान शंकर उत्पन्न हुए। ब्रह्मा के अनुरोध करने पर भगवान शंकर ने अपने को स्त्री और पुरुष दो भागों में अलग-अलग किया। पुरुष रूप को शंकर भगवान ने ग्यारह भागों में विभक्त करके उन्हें ग्यारह रुद्रों के रूप में देवों का कार्य करने के लिए भेज दिया। स्त्री रूप को भगवान शंकर ने सौम्य-असौम्य, शान्त-अशान्त, सित-असित रूपों से विभक्त किया। ये ही रूप पृथ्वी की विभूतियां और शक्तियां हैं। ये ही लक्ष्मी, सरस्वती और दुर्गा है। इस स्त्री रूप के ही एक भाग ने ब्रह्मा की आज्ञा से दक्ष के घर में

पुत्री रूप में जन्म लिया। दक्ष ने इस पुत्री का विवाह ब्रह्मा के आदेश से महादेव से किया। महादेव शिव ने सती को अपनी पत्नी के रूप में स्वीकार किया। सती द्वारा यज्ञ-कुण्ड में दाह करने के पश्चात् भगवती दुर्गा ने एक बार फिर हिमालय के यहां उनकी पत्नी मैना के घर जन्म लिया, यहां उनका नाम पार्वती रखा गया। हिमालय ने पुत्री का विवाह शंकर से कर दिया। इस तरह भगवान शिव का अपना स्त्री रूप ही शिवा, सती, हैमवती आदि नामों से प्रसिद्ध हुआ। यह देवी वस्तुतः भगवान शंकर का ही अर्द्धांग है।

इस प्रकार पुण्य कर्म वाले मुनियों ने कूर्म नारायण भगवान से यह आख्यान सुनने के पश्चात् भगवती देवी का पूरा परिचय जानने का इच्छा प्रकट की। इस पर भगवान कूर्म रूप ने बताया कि पुराने समय में ब्रह्मा ने परम रहस्यपूर्ण यही ज्ञान देवसभा में उपस्थित ब्रह्मर्षियों को सुनाया था। यह उत्तम ब्रह्म-विज्ञान सांख्यों में परम सांख्य है।

माहेश्वरी शक्ति शिवा, ज्ञान रूप वाली पराकाष्ठा, सभी प्राणियों के हृदय में विद्यमान, अनन्त, जानने की सीमा से परे, एक होकर भी अनेक रूप वाली है। यही अनेक रूपों में भगवान शंकर के समक्ष क्रीड़ा करती रहती है सारे प्रपंच को करने वाली, देवी के द्वारा ही इस जगत की रचना हुई है। स्वयं शंकर कुछ नहीं करते बल्कि यह देवी महाशक्ति ही अपने चार भिन्न-भिन्न रूपों में शांति, विद्या, प्रतिष्ठा और निवृत्ति अधिष्ठानों में स्थित रहती है। इसी के कारण शंकर चतुर्व्यूह कहलाते हैं और आत्मानन्द की अनुभति करते हैं चारों वेदों में चतुर्भूति के रूप में स्थित रहते हैं। भगवान शंकर के साथ ही यह देवी अनन्त है, सारे भूतों के प्रवर्त्तिका है। शंकर भगवान के काल, हर प्राण, महेश्वर रूपों का ही कारणभूत है, यह अखिल जगत में व्याप्त है, मायात्मिका शक्ति यही है, ज्ञानशक्ति, क्रियाशक्ति तथा प्राणशक्ति इसी की अन्य शक्तियां हैं। इसलिए यह शक्तिमती माया दुर्निवार और दुरव्यय है।

यह देवी ही वह दिव्य शक्ति है, जिससे भगवान शिव शक्तिमान है, शंकर इसके भोक्ता और यह देवी भोग्या है और दोनों भिन्न दिखाई देने पर भी अभिन्न है। इसके दर्शन योगी ही कर सकते हैं और जो भक्त सन्ताप-मुक्त होना चाहते हैं उन्हें निश्चय ही भगवती जगदम्बा पार्वती की शरण ही जाना चाहिए। हिमालय पर्वत ने अपनी पत्नी मैना के साथ दीर्घ काल तक तपस्या करके पार्वती दुर्गा की स्तुति की तो देवी ने प्रसन्न होकर उसके यहां पुत्री रुप में जन्म लेने का वर दिया। समय आने पर जब देवी दोपहर के सूर्य के समान प्रकाशमान, चारमुखी, तीन नेत्र वाली, अत्यंत रमणीय आठ हाथ, बड़ी-बड़ी आंखों वाली, चन्द्रमा के समान सौम्य रूप में जन्मीं तो स्वयं हिमालय उनके

इस दिव्य रूप को देखकर आश्चर्य मिश्रित भय से कम्पायमान हाथ जोड़कर कहने लगा–हे देवी ! आप कौन हैं, कृपा करके मुझे अपना परिचय देवें। तो देवी ने कहा–मैं महेश्वर की परम शक्ति हूं। मोक्ष की अभिलाषी जन मुझे सर्वात्मभाव से अनन्य, अव्यय और शाश्वत रूप में देखते हैं। आप भी दिव्य चक्षुओं से मेरा दर्शन कर सकते हैं। इस प्रकार देवी के दिव्य रूप दर्शन करके हिमाचल ने बहुविधि उनकी स्तुति की। उसका जीवन सफल हो गया और उस देवी की शरणागत हो प्रणाम निवेदन करने लगा। देवी ने कहा–पितृदेव ! मेरे इस रूप के दर्शन केवल भक्ति और प्रेम द्वारा ही प्राप्त हो सकते हैं।

देव देवेश्वरी ने हिमालय को भक्ति का स्वरूप समझाते हुए कहा कि श्रुति-स्मृति के अनुसार वर्णाश्रम नियमों के पालन को ही धर्म कहते हैं। इसी के अनुष्ठान से मनुष्य के हृदय में भक्ति जागती है और भक्ति से ही परम पाद श्री विष्णु की प्राप्ति होती है। देवी ने बताया कि वेद ही उनकी शक्ति है, वह ही आदि में स्वयं को ऋक्, यजु, साम के रूप में प्रकट करती हैं। वेद की रक्षा के लिए ही ब्रह्मा ने ब्राह्मणों की सृष्टि की। वेद के विरुद्ध कर्म करने वाले नरक यातना भोगने को बाध्य होते हैं और वेद-सम्मत कर्म करने वाले मनुष्य का कल्याण होता है। यह सोचते हुए ही मनु, याज्ञवल्क्य, पराशर आदि मुनियों ने पूर्ववर्ती सद् धर्म विश्वासी ऋषियों के सुवचनों का संग्रह करके धर्मशास्त्रों की रचना की, वेदव्यास ने अठारह पुराणों की रचना की। व्यास के शिष्यों ने उपपुराणों की रचना की। शिक्षा, कल्प, व्याकरण, निरुक्त, छन्द, ज्योतिष, न्याय और वेदान्त आदि में भी धर्म का विवेचन हुआ है। मेरे आदेश से ही युग-युगों से मुनि-ऋषि गण वेदोक्त धर्माचरण के लिए शास्त्र पुराणों की रचना करते रहते हैं। धर्म आचरण करने, मेरा भजन करने, प्राणियों के प्रति दयाभाव दिखाने, शान्त रहने से मनुष्य के मन में ज्ञानदीप प्रज्जवलित होकर माया रूपी अन्धकार का नाश होता है। जीव संसार के आवागमन से मुक्ति पा जाता है, इसलिए जीव मात्र का यह कर्त्तव्य है कि वह सर्वभाव से मेरा ध्यान करे, पूजा-अर्चन करे। ऐसा करने वाला निश्चय ही परम पद प्राप्त करता है। इस प्रकार हिमालय को उपदिष्ट करते हुए देवी भगवती ने हिमालय को निवेदन करने पर माया का संवरण करके बालिका रूप में आने का आग्रह स्वीकार कर लिया। इस प्रकार हिमालय और मैना ने मानसिक तोष अनुभव किया।

सूत महाराज ने दक्ष वंक्ष में उत्पन्न कन्या सती का परिचय देते हुए कहा कि भृगुमुनि ने ख्याति के गर्भ से श्री नारायण की प्रिया लक्ष्मी तथा धाता-विधाता नाम के देवताओं को जन्म दिया। लक्ष्मी का विवाह विष्णु से

हुआ। मेरु की पुत्रियों–आयति, नियति के धाता-विधाता का विवाह सम्पन्न हुआ। इनके यहां क्रमशः प्राण तथा मृकण्डु ने जन्म लिया। प्राण के यहां वेदशिरा नाम का बड़ा मेधावी और प्रतिभाशाली पुत्र जन्मा। संभूति ने मरीचि से पूर्णमास को उत्पन्न किया और तुष्टि, वृष्टि, कृष्टि, अपचिति–चार कन्याएं उत्पन्न कीं। पूर्णमास के दो पुत्र–विरजा और पर्वत हुए। क्षमा ने प्रजापति पुलह से कर्दम, वरीयान सहिष्णु आदि पुत्रों को जन्म दिया।

अत्रि-अनसूया से सोम, दुर्वासा तथा दत्तोत्रेय उत्पन्न हुए। स्मृति ने अंगिरा से कुहु-राका तथा अनुमती कन्याओं को जन्म दिया। प्रीति ने महर्षि पुलस्त्य से दंभोजि को उत्पन्न किया। यह पूर्व जन्म में अगस्त्य तथा स्वायम्भुव मन्वंतर में देह बाहु रहा था। सन्तति ने ऋतु से साठ हजार पुत्र उत्पन्न किए, वे बालखिल्यादि कहलाए। ऊर्जा ने वसिष्ठ मुनि से रज, मात्र, ऊर्ध्वबाहु, सवन, अनग, सुवपा तथा सूक्त पुत्रों एवं पुण्डिकाक्ष नाम वाली कन्या उत्पन्न की। स्वाहा ने रुद्र वह्वि से तीन–पापक, पवनान और शुचि पुत्रों को, स्वधा ने पितरों से मैना और धारिणी नाम की कन्याओं का जन्म दिया। मैना ने हिमवान से मैनाक तथा क्रौंच पुत्रों एवं पापनाशिनी गंगा पुत्री को जन्म दिया। इसी मैना के यहां पार्वती ने जन्म लिया। यक्ष कन्याओं की सन्तति का संक्षिप्त परिचय यही है, यह सृष्टि के लिए ऋषियों ने मैथुन या शारीरिक सम्पर्क का आश्रय नहीं लिया। स्वायम्भुव मनु ने शतरूपा से दो–प्रियव्रत और उत्तानपाद नाम के पुत्र उत्पन्न किए।

उत्तानपाद के यहां ध्रुव हुआ, जिसने अपनी भक्ति से नारायण देव को प्रसन्न करके उत्तम स्थान प्राप्त किया। इस ध्रुव के दो पुत्र हुए– शिष्ट और भाव्य। भाव्य ने शम्भु को जन्म दिया। शिष्टि के यहां रिपु, रिपुंजय, विप्र, कपिल, वृषतेज–पांच पुत्र उत्पन्न हुए। जो तेजवान और धर्मपारायण थे। रिपु के यहां तेजस्वी चाक्षुष उत्पन्न हुए। इस चाक्षुष मनु ने प्रजापति वीरण की पुत्री वीरिणी से विवाह करके उरु, पुरु, भवद्युम्न आदि दस पुत्रों को उत्पन्न किया। उरु के अंग-अंग से वेन, वेनले, वैन्य–का जन्म हुआ। यह वैन्य ही आगे चलकर पृथु कहलाया। जो अत्यन्त बलशाली तथा प्रजा का ध्यान रखने वाला था। सूत ने बताया कि इस पृथु के यज्ञ में ही विष्णु के अपर रूप वेदव्यास ने यह परम पवित्र पुराण हमें श्रवण कराया था।

सत्यभाषी, इन्द्रियजित महाराज पृथु की बाल्यकाल से ही श्री नारायण भगवान में अगाध श्रद्धा और आस्था थी। उन्होंने गोवर्धन पर जाकर बड़ी कठोर तपस्या की और पृथु की इस तपस्या से भगवान श्री नारायण ने उसे दो धार्मिक रूपवान और शास्त्रज्ञाता पुत्रों के उत्पन्न होने का वरदान दिया। यथासमय राजा के यहां शिखंडी तथा हविर्धान नाम के दो पुत्र उत्पन्न हुए।

शिखंडी के यहां सुशील ने जन्म लिया। यह विद्वान तथा वेद-वेदांगों का परिचित, बड़ा ही धर्मात्मा, रूपवान और गुणवान था। तप में प्रवृत्ति के कारण वह हिमालय पर धर्म वन में पहुंच गया। मन्दाकिनी के जल में स्नान करके, पितरो का तर्पण करके सिर पर अंजलि बांधकर महादेव को प्रणाम करके फूलों-फलों से उनकी पूजा-स्तुति की। तभी उसे श्वेत-अश्वेत नाम के शैव मुनि आते दिखालाई दिए।

उसका सारा शरीर भस्म से युक्त था। कमर में कोपीन तथा कन्धे पर यज्ञोपवीत था। वह तप के तेज से देदीप्यमान हो रहे थे। शाम्भव स्तोत्र को समाप्त करके सुशील ने पधारे मुनि को चरण स्पर्श करते हुए अभिवादन किया। दर्शन के प्रति आभार प्रकट किया और पथ-प्रदर्शन का अनुरोध किया। उदार मुनि ने राजा की जिज्ञासा देखते हुए उन्हें अपना शिष्यत्व प्रदान किया और तब संन्यास दीक्षा देकर उसे अपनी शाखा के अनुरूप ईश्वरीय ज्ञान का उपदेश दिया। मुनि के आदेश के अनुरूप ही सुशील ने वेद अनुशीलन और भगवान शिव के पूजन को ही अपने जीवन का चरम लक्ष्य बना दिया। अब वह कन्दमूल-फल खाकर, भस्म लेप करके इन्द्रिय संयम करते हुए जीवन बिताने लगा। भगवत् कृपा से वह शिव-रूप ही हो गया।

पृथु के द्वितीय हविर्धान के यहां आग्नेयी के गर्भ से प्राचीन बर्हि नाम वाले बालक का जन्म हुआ। प्राचीन बर्हि ने समुद्र की पुत्री के गर्भ से दस पुत्रों को जन्म दिया। ये सभी प्रचेता कहलाए। इन प्रचेताओं ने मारिषा से दक्ष को जन्म दिया। पूर्व जन्म में दक्ष ने भगवान शंकर से वैर किया था। इसी से क्रुद होकर शंकर ने दक्ष को प्रचेताओं का पुत्र होने का शाप दे डाला था।

अपने पूर्व वैर को याद रखते हुए प्रचेता ने गंगा द्वार में आयोजित अपने वृहद यज्ञ में शंकर को आमन्त्रित नहीं किया। इसमें आए महर्षि दधीचि ने सभी को देखा किन्तु भगवान शंकर को न देखकर प्रचेता ने पूछा—ब्रह्मा से लेकर पिशाच तक सभी यहां वंशवद उपस्थित हैं किन्तु भगवान शंकर दृष्टिगोचर नहीं हो रहे, आप उनका पूजन क्यों नहीं करते ? इस पर दक्ष प्रचेता ने कहा कि शंकर-पूजा के सभी मन्त्र भार्या सहित है और इस समय शंकर भार्या के साथ नहीं है। भार्या रहित विधुरों को यज्ञ में अमंगलकारी माना जाता है, इस कारण उन्हें आमन्त्रित नहीं किया।

यह जानते हुए भी कि आदिकाल से यज्ञ में शंकर का आराधना ही मान्य होता है, उसकी प्रसन्नता से ही यज्ञ सफल होते हैं, दक्ष ने शंकर की अवहेलना करते हुए उसे तमोगुणी, विनाशकारी, कपाली, भस्मीभूत कहते हुए विश्वात्मा शंकर से अलगाते हुए कहा कि सतोगुणी जगत स्त्रष्टा नारायण ही

एकमात्र आराध्य हैं। दधीचि ने जब यह कहा कि सूर्य रूप में शंकर ही जगत को प्रकाशित करने वाले क्या दिखलाई नहीं पड़ते ? शंकर ने ही स्वयं एक स्वरूप की त्रिमूर्ति में विभक्त किया है–दक्ष प्रचेता ने बारह आदित्यों के अतिरिक्त अन्य किसी सूर्य को मानना अस्वीकार करते हुए एकमात्र भगवान विष्णु को ही यज्ञ के रक्षक रूप में प्रतिष्ठित होने के लिए तैयार कर लिया।

ब्रह्मा भी उस यज्ञ में आकर दक्ष-मुख से शिव की अवज्ञा देखकर अन्तर्हित हो गए। दधीचि ने अपूज्यों का पूजन और पूज्यों का अपमान, असत् का ग्रहण तथा सत् का परित्याग को भयानक दैवी उत्पात का कारण कहते हुए संभलने की चेतावनी दी, किन्तु दक्ष पर इसका कोई प्रभाव नहीं हुआ। दूसरी ओर सती ने भगवान शंकर को स्मरण कराया कि पूर्व जन्म का पिता दक्ष इस जन्म में प्रचेता रूप में फिर शंकर की अवज्ञा कर रहा है। आप शीघ्र उसके यज्ञ का विध्वंस करें और दक्ष को उसके सहायकों सहित यमपुरी पहुंचा दें। शंकर ने वीरभद्र की सृष्टि करके उससे गंगा द्वार पर दक्ष प्रचेता के यज्ञ को विध्वंसित करने का आदेश दिया।

उमा ने अपने क्रोध से उत्पन्न भद्र काली को उसके साथ प्रस्थान करा दिया। दोनों वृषभ पर आरूढ़ होकर चल पड़े। शिवजी ने अपने रोमों से अनेक रुद्र उत्पन्न करके उन दोनों की सहायता के लिए भेज दिया। ये सभी अपने साथ शूल, शक्ति, गदा, दण्ड, उपल आदि के साथ भयंकर नाद करते हुए यज्ञ-स्थल में पहुंच गए। जहां वेद-ध्वनि हो रही थी,, देवांगनाएं नृत्य कर रही थीं, विविध वाद्य यंत्र, वेणु, वीणा तथा तंत्री का निनाद हो रहा था। वहां वीरभद्र ने सभा में बैठे ऋषियों से कहा–हम भगवान शंकर के अनुचर हैं। आप दक्ष से कहें, वे आपको यज्ञ भाग न देकर हमें देवें, हम ही यज्ञ भाग के अधिकारी हैं। देवों ने उनको तमोगुणी जीव कहकर उपेक्षा की और कहा–यज्ञ मे सतोगुणी भगवान नारायण की पूजा होती है। वे ही सभी सिद्धियों के देने वाले हैं। तुम लोग यज्ञ-भाग के अधिकारी नहीं हो। इस प्रकार देवों ने वीरभद्र की प्रार्थना अस्वीकार कर दी।

इस पर क्रुद्ध होकर वीरभद्र ने यज्ञ यूप उखाड़कर फेंक दिया। रुद्र गणों ने अपने हाथ से देवों के नेत्र एवं लिगों को क्षत-विक्षत कर दिया। मुक्के की चोट से पूषा के दांत तोड़ दिए। चरण के आघात से चन्द्रमा को गिरा दिया, अग्नि की जीभ खींच ली। विष्णु के चक्र को स्तंभित करके उन्हें भी अपने तेज वाणों से बींध दिया। गरुड़ को सहायता के लिए आया देखकर सैकड़ों गरुड़ पैदा कर दिये जिनसे भयभीत गरुड़ भी भाग खड़ा हुआ।

विष्णु के साथ वीरभद्र को युद्धरत देखकर ब्रह्मा उपस्थित हुए। उन्होंने उन्हें युद्ध से रोककर दक्ष को भगवान शंकर के गौरव से परिचित कराया। इस पर सब ओर से मूल प्रायश्चित रूप दक्ष ने उमा सहित भगवान शंकर की स्तुति-वन्दना की। इस पर प्रसन्न शिव ने उपस्थित होकर सभी देवों को अभयदान दिया और सभी यज्ञों में उनका अराधाना करने का निर्देश दिया। दक्ष को सचेत करते हुए शिव ने कहा–लोकैषणा को छोड़कर निश्छलता और सत्यनिष्ठा भाव से मेरी भक्ति को अपनाओ, इससे मेरी कृपा पाकर कल्प के अन्त में तुम भी मेरे गण बन पाओगे। जीवन पर्यन्त अनासक्ति से अधिकारों का उपयोग करो। लौकिक कर्त्तव्य करते हुए मुझमें चित्त लगाओ। तुम्हारा कल्याण होगा। ऐसा कहते हुए शिव-उमा वहां से अन्तर्धान हो गए।

शंकर के गमन पर ब्रह्मा ने दक्ष को प्रबोधित करते हुए कहा–वत्स ! भगवान शंकर ही सभी प्राणियों के परमेश्वर हैं, वेदज्ञानी, योगी, अपने तप, यज्ञ, जप आदि में इन्हीं की स्तुति करके शिव के दर्शन ही करते हैं। वेद-मन्त्र से भी इन्हीं का स्तवन किया जाता है। मेरा अनुरोध है कि तुम भगवान शंकर के प्रति अनास्था भाव को त्यागकर शुद्ध मन, वचन, कर्म से, आदि, मध्य, अन्त से परे जानकर, जगत की उत्पत्ति, रक्षा और लय के आधारभूत शंकर का ध्यान करो। ऐसा न करने वाला घोर पातकी होकर अनन्त असाध्य कष्ट पाता है। शरणागत पर शिव अपनी कृपा करते हैं, ऐसा सुनकर दक्ष ने अपना दृष्टिकोण बदल कर महादेव में अनुराग उत्पन्न किया। इसी अनुराग से भक्ति का जन्म हुआ और भगवान आशुतोष का भक्त बनकर दक्ष प्रचेता का कल्याण हुआ।

ब्रह्मा ने पूर्वकाल में दक्ष को प्रजा उत्पन्न करने का आदेश दिया तो दक्ष ने देवों, गन्धर्वों, ऋषियों, असुरों, सर्पो को उत्पन्न किया। इससे भी जब आगे सृष्टि न बढ़ पायी तो मैथुन से प्राणियो का सर्जना की। इसी उपक्रम में वीरण प्रजापति की पुत्री अस्किनी के गर्भ से दक्ष ने एक सहस्त्र पुत्रों को उत्पन्न किया। नारद की माया से वैराग दिव्य होने पर दक्ष ने वैरिणी से कन्याओं को उत्पन्न किया। इनमें दस का धर्म के साथ, तेरह का कश्यप के साथ, सत्ताईस का चन्द्र के साथ, दो-दो का बहु-पुत्र कृशाश्व तथा अंगिरा के साथ विवाह कर दिया। इनकी सन्तानों के विस्तार से ही, संसार का निर्माण हुआ। धर्म की दस पत्नियां हैं–मरुत्वती, वसु, यामा, लाम्बा, भानु, अरुन्धती, संकल्पा, पुहुर्ता, साध्या और विश्वा। इनमें मरुत्वान, वासव, नाग, वीथ, पोष, पृथ्वी विषयक पदार्थ, संकल्प, मुहूर्त, साध्यगुण तथा विश्वदेव दस धर्म-पुत्र कहलाए। इनमें आठ वसु हुए।

कश्यपजी की तेरह पत्नियों मे अदिति ने बारह पुत्र उत्पन्न किये और दिति ने हिरण्यकशिपु और हिरण्याक्ष दैत्यों को जन्म दिया। हिरण्यकशिपु ने अपनी तपस्या से ब्रह्मा को प्रसन्न करके बहुत से दिव्य वरदान प्राप्त किये। जिनके फल से उद्धत होकर उसने देवताओं और ऋषि-मुनियों को कष्ट पहुंचाना प्रारम्भ कर दिया। इससे पीड़ित होकर सभी देवगण कष्ट-निवारण के लिए ब्रह्मा के पास आये। ब्रह्मा उन्हें क्षीर सागर पर विराजमान श्री विष्णु के पास ले गये। वहां सभी ने सम्मिलित रूप से विष्णु की स्तुति की और उनसे हिरण्यकशिपु से त्राण पाने का आग्रह किया। देवताओं के स्तुत्य विष्णु ने उनको आश्वासन दिया और शंख, चक्र, गदाधारी, भयंकर रूप वाले पुरुष की सृष्टि करके हिरण्यकशिपु का वध करने आ आदेश दिया।

वह पुरुष गरुड़ पर सवार होकर दैत्यराज की नगरी में पहुंच गया। जहां हिरण्यकशिपु ने उसके आने का समाचार सुनकर अपने पुत्रों और शस्त्रधारी असुरों के साथ उसके आक्रमण का सामना किया। सामूहिक बल के बाद भी वह पुरुष टस से मस न हुआ और उसने खेल-खेल में ही सभी प्रहारों को निष्फल कर दिया। यह देखकर स्वयं हिरण्यकशिपु ने उस पर आक्रमण किया, और अपने पैर से उस दिव्य पुरुष की छाती में ऐसा तेज आघात किया कि वह असहनीय पीड़ा अनुभव करते हुए तत्काल वहां से अदृश्य हो गया। त्रिकालदर्शी विष्णु ने तब बह्मा द्वारा उस राक्षस को दिए गए सभी वरदानों को दृष्टि में रखकर आधे सिंह और आधे मनुष्य का शरीर धारण करके नृसिंह रूप में उस दैत्यराज के सम्मुख उपस्थित हुए।

नृसिंह के इस विलक्षण रूप को देखकर सभी दैत्य मोहित हो गये। किसी भी प्रकार से हिरण्यकशिपु के ज्येष्ठ पुत्र प्रह्लाद द्वारा नृसिंह की लेशमात्र भी हानि नहीं हुई तो प्रह्लाद ने नृसिंह रूप में साक्षात् विष्णु को उपस्थित जानकर उनकी स्तुति की और कहा-बन्धुवर ! ये मूर्ति साक्षात् श्री नारायण विष्णु की है, ये ही अनादि, अन्तर्यामी, ज्योति के भण्डार और प्रधान पुरुष हैं। हमें इन्हीं की भक्ति करनी चाहिए। प्रह्लाद के इस कथन को सुनकर हिरण्यकशिपु क्रोधित हो उठा और उस नृसिंह को काल से प्रेरित मानते हुए उसका शीघ्र वध कर देने का आदेश दिया।

दैत्यराज की पूरी शक्ति लग जाने पर भी कोई नृसिंह को न जीत सका। हिरण्याक्ष द्वारा शंकर भगवान के पाशुपत अस्त्र का भी जब कोई प्रभाव नहीं पड़ा तो प्रह्लाद को यह निश्चय हो गया कि वास्तव मे ये श्री विष्णु ही हैं। उसने सिर झुकाकर नमन करते हुए ऋक्, यजु और सामवेदों के अनुरुप श्री नारायण का स्तवन किया और दृढ़ होकर सभी से कहा कि हमें श्री विष्णु की

शरण में ही जाना चाहिए। इसी में हमारा कल्याण है। प्रह्लाद के इस प्रकार समर्पण भाव को देखकर हिरण्यकशिपु क्रोध में स्वयं नृसिंह से युद्ध करने लगा।

नृसिंहावतार ने अपने नाखूनों के द्वारा हिरण्यकशिपु के वक्ष को फाड़ डाला। यह देखकर हिरण्याक्ष भयभीत होकर वहां से भाग खड़ा हुआ। हिरण्कशिपु का वध करके श्री नृसिंह रूपधारी भगवान श्री नारायण अपने वास्तविक रूप में आ गए। भगवान नारायण के गमन के पश्चात हिरण्याक्ष गद्दी पर बैठे लेकिन अपने दर्प में उसने भगवान शंकर की तपस्या करके अनधक नामक पुत्र और अपने विजयी होने का वर प्राप्त किया। लेकिन पुन: श्री नारायण देव द्वारा वराह रूप में अवतार लेने से वह भी मारा गया और प्रह्लाद राजा बने। राजा प्रह्लाद धर्मपूर्वक राज्य करने लगे।

एक बार राजा प्रह्लाद ने अपने घर आने पर एक ब्राह्मण का यथोचित स्वागत नहीं किया। जिसके कारण क्रोध में ब्राह्मण ने उसे शाप दिया कि जिस बल के कारण तुमने ब्राह्मणों की अवहेलना की है, वह बल, वैभव व तुम्हारी क्षमता शीघ्र नष्ट हो जायेगी। ऐसा कहते हुए वह ब्राह्मण प्रह्लाद का घर छोड़कर चला गया। भगवान की माया से मोहित प्रह्लाद शाप के कारण नष्ट-मति हो गया और पिता के वध का प्रतिशोध लेने के लिए भगवान विष्णु से युद्ध पर उतारू हो गया।

लेकिन शीघ्र ही पुण्य कर्मों के फल के कारण प्रह्लाद में विवेक जाग्रत हुआ और श्री नारायण भगवान की शरणागत होकर उसने राज्य त्यागकर आजीवन भक्ति मार्ग का अनुसरण किया। जीवन के अन्त मे हरिपद प्राप्त किया। प्रह्लाद के पश्चात हिरण्याक्ष का पुत्र अन्धक राजगद्दी पर बैठा। एक बार इतनी उग्र अनावृष्टि का योग हुआ कि सभी प्राणी भूख-प्यास से बेचैन हो उठे। ऋषि, मुनि, तपोनिधि, गौतमजी की शरण में आहार और प्राण-रक्षा की याचना करने लगे। मुनि ने उन्हें यथा इच्छा भोजन कराते हुए कुछ दिन आश्रम में ही रोक लिया। गौतम के आश्रम में एक माया-गौ को बनाकर ब्राह्मणों ने गौतम के पास पहुंचा दिया।

जैसे ही मुनि ने उस दुर्बल गाय के प्रति दया दिखाते हुए स्पर्श किया और अपनी गौशाला में बांधा, वह गाय स्पर्श मात्र से ही मर गई। मुनि को यह जानकर बहुत कष्ट हुआ। ब्राह्मणों ने गौतम मुनि पर गौ-हत्या का दोष लगाकर उसका अन्न ग्रहण करना अस्वीकार कर दिया। मुनि दोष-मुक्ति के लिए वन में तपस्या करने चले गये। लेकिन योग के बल से उन्हें शीघ्र ही यह ज्ञात हो गया कि यह पूर्व योजित घटना थी और ब्राह्मणों का उनके साथ

किया गया छल था। गौतम मुनि ने ब्राह्मणों के इस कृत्य से क्रोधित होकर उन्हें द्विजाति से बहिष्कार करते हुए बार-बार शूद्र योनि में जन्म लेने का शाप दे दिया। शाप से दुखी मुनिगण भगवान शंकर की स्तुति करने लगे। उनकी स्तुति से प्रसन्न होकर शंकर ने विष्णु से उनके उद्धार का उपाय करने के लिए कहा। इस पर विष्णु ने कहा कि वेद के विरुद्ध आचरण और आतिथेय के साथ विश्वासघात करने के कारण सभी पुण्य नष्ट हो जाते हैं और इनका फल अनेक कल्पों तक नरक-यातना भुगतना होता है। किन्तु ब्राह्मणों की भावना को देखकर विष्णु ने बताया कि इसका उपाय मात्र यही है कि पृथ्वी लोक में जाकर मनुष्य योनि में जन्म लिया जाए और मेरी आराधना-स्तुति की जाए।

यही एक मात्र उपाय है। ऐसा भगवान विष्णु ने उपाय सुनते हुए शंकर भगवान ने पार्वती को विष्णु के पास छोड़ा और वे स्वयं मुनियों के साथ कपाली बनकर भिक्षा मांगने लगे। विष्णु भगवती पार्वती की देख-भाल के लिए स्त्री रूप धारण करके सेवा करने लगे। ब्रह्मा, इन्द्र आदि देवता भी स्त्री रूप धारण कर जगत माता भगवती की सेवा में लग गए। भगवान शंकर का गणाध्यक्ष नन्दी द्वारपाल बनकर चौकीदारी करने लगा। इस बीच दैत्यराज अन्धक पार्वती का हरण करने के लिए मन्द्राचल पर आ गया। काल भैरवी और अन्धक में भयंकर युद्ध हो गया। अन्धक की छाती में काल भैरवी ने अपना त्रिशूल गाड़ दिया और उसे मार दिया। जिसके फलस्वरूप धरती पर अनेक अन्धक पैदा हो गये। जिन्होंने नन्दी आदि अनेक गणों को जीत लिया।

शिवजी के गणों ने शूल, शक्ति और फरसे आदि से अन्धक पर तीखे प्रहार किये लेकिन उसने सबको निरर्थक कर दिया और उनके गणों को उठाकर चार सौ कोस दूर फेंक दिया। अन्धक के शरीर से निकले इन अनेक अन्धकों ने काल भैरव को घेर लिया। विष्णु की कृपा से काल भैरव रूपधारी भगवान शंकर ने अन्धकों के अनुपात में सैकड़ों, हजारों शक्ति-देवियों की रचना की। जिससे सभी अन्धक मारे गये और दैत्यराज अन्धक अपने इस विशाल नाश को देखकर भाग खड़ा हुआ।

महादेव अपने भक्तों के लिए बारह वर्ष पृथ्वी पर बिताकर मन्द्राचल लौट आए। काल भैरव और नन्दीश्वर तथा समस्त गणों ने उनका स्वागत किया और प्रणाम किया। भीतर प्रविष्ट होने पर पार्वती के साथ जब शंकर आसीन हुए तो उन्हें केशव की कृपा से उत्पन्न देवियों द्वारा अन्धकों के विनाश का वृत्त ज्ञात हुआ। देवियों ने जब भगवान शंकर को प्रणाम करके

उनसे परिचय पूछा तो शिव ने बताया कि हे देवियों! ये पार्वती मेरी शक्ति है और मैं इसी से शक्तिवान हूं। मैं ही केशव हूं और ये पार्वती ही लक्ष्मी है। विष्णु और महादेव एक ही हैं। इनमें भेद-बुद्धि रखने वाला कभी भी लक्ष्य की प्राप्ति नहीं कर पाता है।

भगवान शंकर विष्णु के आदेश से अन्धक के दुस्साहस का पाठ पढ़ाने के लिए और उसे यमपुरी पहुंचाने के लिए चल दिए। यह समाचार पाकर अन्धक भी उनके सम्मुख आ गया। लेकिन शीघ्र ही शिवजी के त्रिशूल के स्पर्श से उसका विवेक जाग्रत हो गया ओर उसने यह कहते हुए भगवान शंकर का स्तवन किया–तत्त्वद्रष्टा, बुद्धिमान, जिसे ईशतत्व, अनन्तरूप, पुरातन पुरुष, सृष्टि की उत्पत्ति और विनाश के हेतु बताते हैं, उन आप श्री नारायण देव को मैं मस्तक झुकाकर प्रणाम करता हूं। आप ही इस जगत के अनादि, पितामह और प्रपितामह हैं। आप ही शिव परमेश्वर हैं। मैं आपको दण्डवत् प्रणाम करता हूं। अन्धक की इस स्तुति से प्रसन्न होकर भगवान शंकर ने अपने त्रिशूल से नीचे उतारकर अपने हाथों से स्पर्श करते हुए अपना गण बनाकर, अपने सान्निध्य में निवास करने का वरदान देते हुए, सब दुखों से दूर, सर्वथा नीरोग करते हुए नन्दी का अनुचर बना दिया। भगवान शंकर के इस अनुग्रह पर और दिव्य रूप अन्धक को देखकर विष्णु ने शिव के इस उदार भाव की भूरि-भूरि प्रशंसा की। शंकर उसे अपने साथ अन्तःपुर में ले गए, जहां उसने पार्वती के चरणों पर गिरकर पश्चाताप करते हुए क्षमा-याचना की। जगदम्बा भगवती ने उसकी भक्ति से प्रसन्न होकर उसे अपना पुत्र बना लिया। पाताल लोक में अन्धक के बाद प्रहलाद का पुत्र विरोचन राजा बना, जिसने इन्द्र आदि अनेक देवताओं को जीतकर बहुत वर्षो तक धर्मपूर्वक प्रजा का पालन किया। एक बार विष्णु के द्वारा प्रेरित होकर मुनि सनतकुमार विरोचन के नगर पधारे। राजा विरोचन ने ऐसे ब्रह्मज्ञानी योगेश्वर के दर्शन करते हुए अपने आपको सौभाग्यशाली माना, उनका समुचित स्वागत किया ओर आने का कारण जानने की जिज्ञासा प्रकट की। इस पर सनतकुमार ने बताया कि तीनों लोकों में आजकल ढूंढने पर भी कोई धर्मात्मा दिखाई नहीं देता। आपके धर्मात्म भाव की काफी चर्चा सुनी, इसी कारण दर्शन के लिए चला आया। मुनि के प्रति इस प्रकार अपना आभार प्रकट करते हुए विरोचन ने कहा–हे प्रभु! यदि वैसे ही पधारे हैं तो मेरी इच्छा है कि कृपा करके मुझे धर्म का ज्ञान दें। राजा के इस प्रकार निश्छल भाव को देखकर मुनि ने राजा को अत्यन्त ग्रहणीय एवं रहस्ययुक्त आत्मज्ञान का उपदेश दिया। इसके फलस्वरूप राजा के मन में वैराग्य जाग्रत हो गया। विरोचन ने यथा-शक्ति

मुनि सनतकुमार को भेंट आदि दक्षिणा में दीं तथा अपने पुत्र बलि को राज्य सौंपकर वह योगसाधना में लीन होने के लिए तपोवन में चला गया।

बलि बड़ा धर्मात्मा तथा शूरवीर था। बलि ने इन्द्रसहित सभी देवताओं पर विजय पा ली और इस प्रकार स्वर्ग पर अपना अधिकार कर लिया। श्रीहीन होकर इन्द्रादि सभी देवता विष्णु की शरण में रक्षा की पुकार करते हुए पहुंचे। अपने पुत्रों के इस प्रकार पराभव को देखकर कश्यप-पत्नी देवी अदिति ने दैत्यों के वध करने के लिए एक समर्थ पुत्र की प्राप्ति के लिए तपस्या आरम्भ कर दी। अदिति के तप से प्रसन्न होकर विष्णु भगवान ने उन्हें दर्शन दिए। अपनी तपस्या के इस सुफल को जानकर अदिति ने प्रसन्न होकर विष्णु की बहुविधि स्तुति-आराधना की। देवमाता के इस प्रकार श्रद्धा और आस्था से स्तवन को देखकर विष्णु ने उनसे वर मांगने का निवेदन किया। अदिति ने प्रभु की प्रणाम-वन्दना करके याचना की कि उनके श्रीहीन-पुत्रों का त्राण करने के लिए, आप मेरे गर्भ से पुत्र रूप में उत्पन्न होकर उन्हें कृतार्थ करें। विष्णु ने देवी अदिति की अभिलाषा स्वीकार करते हुए उन्हें तथास्तु कहकर मनोवांछित वर दिया ओर अन्तर्हित हो गए। सही समय आने पर श्री नारायण ने अदिति के गर्भ में प्रवेश किया। इस घटना के सूत्रपात से ही बलि के यहां अनेक उत्पात प्रारम्भ हो गए। इससे व्यथित होकर बलि अपने पितामह प्रहलाद के पास गया और अपनी व्यथा उनसे कही। ध्यानस्थ प्रहलाद ने भगवान विष्णु का ध्यान किया और बलि से कहा जो अगम अगोचर है और सत्तामात्र से ही ज्ञेय है, उन्हीं भगवान वासुदेव ने अदिति के गर्भ में प्रवेश ले लिया है। वही तुम्हारा त्राण कर सकते हैं, तुम उन्हीं की शरण में जाओ, उन्हीं की कृपा से ये उत्पात शांत हो सकते हैं।

अदिति के यहां समय बीतने पर एक अत्यंत तेजस्वी - प्रभु भक्ति के समान दिव्य गुणसम्पन्न बालक उत्पन्न हुआ। बृहस्पति ने उस बालक का नाम उपेन्द्र रखा। यथासमय उसका यज्ञोपवीत संस्कार हुआ। लोक-मर्यादा की रक्षार्थ भारद्वाज मुनि ने उन्हें वेदज्ञ बनाया ओर लोक में समाचार का प्रवर्तन किया। बलि ने अपने पितामह प्रह्लाद की प्रेरणा से भगवान वासुदेव के पूजनार्थ एवं बड़े यज्ञ का आयोजन किया और महर्षि भारद्वाज की प्रेरणा से श्री नारायण देव वामन रूप में उस यज्ञ में पधारे। उस समय वे सुतली का यज्ञोपवीत धारण किए थे और अपने मुख से वेद मंत्रोच्चार कर रहे थे। इस ब्राह्मण वेश में उन्होंने बलिराज के सामने उपस्थित होकर उससे तीन पग नाप की धरती की याचना की। बलि ने श्रद्धा भाव से श्री भगवान के चरणस्पर्श करके चरण धोए और चरणामृत का पान किया। इसके बाद तीन पग धरती

की याचना की। वामन ने विराट रूप धारण करके एक पग में धरती को, एक पग में सारे आकाश को नाप लिया। भगवान ने तीसरा पैर जब बलि के सिंर पर रखा तो बलि उनको पहचानकर उनकी शरण में आया हुआ उनका स्तवन वन्दन करने लगा। बलि की स्तुति पर प्रसन्न भगवान वासुदेव ने पुनः वामन रूप ग्रहण कर लिया और बलि को तीनों लोक देने का उद्घोष किया। बलि ने 'तेरी ही वस्तु तुझे ही समर्पित' कहते हुए तीनों ही लोक श्री नारायण हरि की सेवा में प्रदान कर दिए। तब श्री हरि ने बलि को पाताल का साम्राज्य सौंप दिया और वहां के वैभव उपभोग का आशीर्वाद दिया। बलि ने प्रभु के आदेश का पालन करते हुए अपने लोक को प्रस्थान किया और प्रभु की भक्ति को ही अपनी मुक्ति का आधार बनाकर शेष जीवन व्यतीत किया। भगवान वहीं अन्तर्हित हो गए। यह भगवान श्री नारायण का वामन अवतार कहलाया।

राजा बलि के पराक्रमी पुत्रों में बाण सर्व प्रमुख था। वह भगवान शंकर का भक्त था। राजा बनने पर उसने भी तीनों लोकों को जीतकर इन्द्रलोक को अपने अधिकार में कर लिया। इन्द्र इससे श्रीहीन हो गए। वे शंकर के पास अपनी व्यथा-कथा कहने गए और रक्षा के लिए उनसे निवेदन किया। महादेव नें अपनी लीला से एक बाण चलाकर बाण से नगर को जला डाला। बाण ने भगवान शंकर के लिंग को सिर पर धारण कर लिया और नगर से बाहर आकर शंकर की शरण में चला गया। भगवान शंकर ने उसे अपनी शरण में लेकर अपना गण बना लिया।

कश्यप पत्नी दनु ने तारका शम्बर आदि अनेक भयंकर दानवों को जन्म दिया। सुरसा ने अनेक भयानक नभचरों, सर्पों को जन्म दिया। अरिष्टा ने सहस्रों गन्धर्वों को जन्म दिया, बाहु ने अनेक नागों को जन्म दिया। ताभ्रा ने शुकी, स्पेनी आदि कन्याओं को; सुरभि ने गौओं-भैसों को, इरा ने वृक्ष तथा लतादि को मुनि ने यक्षों को, विनता ने गरुड़ को जन्म दिया। गरुड़ ने बुद्धिमानी करते हुए दुष्कर तप करके भगवान शंकर को प्रसन्न किया और श्री विष्णु की सवारी बनने का गौरव पाया। अरुण ने सूर्य नारायण का सारथी पद पाया। इस प्रकार सभी जड़-चेतन भगवान कश्यप की ही सन्तानें हैं।

प्रजावृद्धि के लिए कश्यप ने स्वात्मा से पुत्र उत्पत्ति के लिए कठोर तप किया जिसके फ़लस्वरूप उन्हें वत्सर और असित नाम के दो पुत्र प्राप्त हुए। वत्सर ने नैध्रुव तथा रैभ्य को उत्पन्न किया। रैभ्य से शूद्र पुत्र उत्पन्न हुए। नैध्रुव ने च्यवन पुत्री सुमेधा से कण्डपायी पुत्रों को जन्म दिया। अस्रित से देवल, शांडिल्य–युगयुक्त हुए। पुलस्त्य ने महात्मा तृणबिन्दु की पुत्री एलविला

से विश्रवा को जन्म दिया। विश्रवा देवर्षिनी से वैष्णव को, कैकसी से रावण, कुम्भकरण, विभीषण पुत्र तथा पुत्री शूर्पणखा, पुष्पोत्कटा से महोदर, प्रहस्त, महापाश्र्व तथा खर, वाका से कुम्भीनसी, कम्पा और त्रिशिरा, विद्युजिह्वा पुत्रों को जन्म दिया। ये सभी राक्षस कर्म के कारण भयंकर राक्षस हुए।

कश्यप का पुत्र मरीचि स्वयं प्रजापति था। ऋतु की वैवस्वत मन्वंतर में कोई सन्तान नहीं हुई। भृगु का पुत्र दैत्याचार्य शुक्र हुआ। अत्रि-पुत्र वह्नि हुआ, नारद ऊर्ध्वरेता ब्रह्मचारी ही रहे। वशिष्ठ का अरुंधती से विवाह हुआ। इनके वंश में शक्ति, पराशर, वेदव्यास, शुकदेव हुए। शुकदेव के पांच पुत्र–भूरिश्रवा, प्रभु, शम्भु, कृष्ण तथा मोर ओर कीर्तिमती, योगमाता और ध्रुवव्रता कन्याएं उत्पन्न हुईं।

कश्यप से उत्पन्न क्षत्रिय सन्तानों का विवरण देते हुए सूत जी ने बताया कि कश्यप के यहां अदिति ने आदित्य नाम का पुत्र उत्पन्न हुआ। इसकी संज्ञा, शशि, छाया तथा प्रभा चार पत्नियां थीं। मुनि त्वष्टा पुत्री संज्ञा ने आदित्य से मनु को, प्रभा ने प्रभात को, छाया ने सावर्षि तथा शनि को और तपती तथा विस्ट पुत्रियों को जन्म दिया। मनु के–इक्ष्वाकु, नाभाग, शर्याति आदि नौ पुत्र हुए। मनु की पुत्री इला ने चन्द्र वंश की वृद्धि की। इला ने चन्द्र के पुत्र बुध से विवाह करके पुरुरवा तथा सुद्युम्न को जन्म दिया। यह इला स्त्रीत्व से पूर्व पुरुष की जो शिव में एकांत वर्जित स्थल में प्रवेश करने से शापग्रस्त होकर स्त्री रूप में परिवर्तित हो गई थी, इसने पुरुष रूप में उत्कण, गप तथा विनत को जन्म दिया था।

इक्ष्वाकु के पुत्र विकुक्षि (दस पुत्र)–काकुत्स्थ (ज्येष्ठ), सुयोधन, पृथु, विश्वक, आर्द्रक, युवनाश्व हुए। युवनाश्व ने तपस्यारत गौतम को साष्ठांग प्रणाम करके उनसे धार्मिक पुत्र की प्राप्ति का उपाय पूछा। गौतम ने युवनाश्व को बताया कि श्री विष्णु की भक्ति से ही यह सम्भव हो सकता है। युवनाश्व से इस प्रकार प्रबोधित होकर, विष्णु की कृपा से सावस्ति नाम का धार्मिक पुत्र प्राप्त किया। सावस्ति के वंश में–वृहदश्व, धुन्धुमार हुए। धुन्धुमार के ज्येष्ठ पुत्र दृढ़ाश्व से प्रमोद से हर्यश्व से निकुम्भ से सहंताश्व उत्पन्न हुए। सहंताश्व के दो पुत्र हुए। कृताश्व तथा रणाश्व। रणाश्व, नाश्व (इन्द्र के समान बली), मान्धाता, तीन पुत्र–ज्येष्ठ पुरुकुत्सा, त्रसदस्य, सम्भूति, विष्णु वृद्ध, अनरण्य, वृहदश्व, हर्यश्व, वसुमना हुआ। वसुमना ने बृहत यज्ञ किया ओर अभ्यागत मुनियों से यज्ञ, जप, तप तथा संन्यास आदि में सर्वाधिक कल्याणकारी साधन जानने की जिज्ञासा प्रकट की।

वसुमना ने सभी महामुनियों से तप की महिमा को और सर्वोत्तम साधन के रूप में तपस्या को ग्रहण करते हुए राज्य-भार पुत्र त्रिधन्वा को सौंपकर स्वयं तपस्या का मार्ग अपनाया। वेदमाता गायत्री का मानसिक जाप करते हुए जब वसुमना को सौ वर्ष व्यतीत हो गए तब ब्रह्मा ने आकर उन्हें दर्शन दिए ओर राजा से विदा मांगने के लिए कहा। इस पर राजा ने माता गायत्री का जप करने के लिए एक सौ वर्ष की आयु की और अधिक याचना की। इस अवधि के पूर्ण होने पर अर्धनारीश्वर भगवान शंकर ने उन्हें दर्शन देकर कृतार्थ किया। वसुमना ने उनसे भी एक सौ वर्ष की और आयु जाप के लिए मांगी। महादेव उन्हें वैराग्य तथा धर्म का उपदेश देकर अन्तर्हित हो गए। अब वसुमना भस्मीभूत होकर भगवान शिव की आराधना स्तुति करने लगा और इस प्रकार तपस्या पूर्ण करने पर वह ब्रह्मा के वेद सार स्थान में प्रवेश करता हुआ शिवलोक में पहुंचकर अनन्त सुखों के भोग का अधिकारी बना।

त्रिधन्वा के वंश में, त्र्यारूण, सत्यव्रत, हरिश्चन्द्र, रोहिताश्व, वृक, वाहु, हरित, रोहित, धुन्धु सुजय और विजय, कारुक, सगर हुए। सगर की प्रभा तथा भानुमती दो रानियां हुई। भानुमती ने अग्निदेव की कृपा से एक पुत्र असमंजस तथा प्रभा ने साठ हजार पुत्र प्राप्त किए। सगर के साठ हजार पुत्र कपिल मुनि के क्रोध के पात्र बने और भस्मीभूत हो गए। असमंजस के वंश में, अंशुमान, दिलीप, भगीरथ जन्मे।

इन्हीं भगीरथ ने अपने साठ हजार पूर्वजों के उद्धार के लिए तपस्या करके गंगा को धरती पर लाने के लिए कठिन तपस्या की। इसी कारण भगीरथ की तपस्या से आई गंगा भागीरथी कही जाती है। भगीरथ के वंश में नाभाग, सिन्धुद्वीप, अयुत, ऋतुपर्ण, सुदास, सौदास उत्पन्न हुए। सौदास के पुत्र अश्मक, शतरथ, विलिविली, वृद्धशर्मा विश्व-रूह, खट्वांग, दीर्घबाहु, रघु, अज, दशरथ हुए। राम इन्हीं दशरथ के ज्येष्ठ पुत्र थे। ये ही इन्द्र के समान तेजस्वी तथा विष्णु के अवतार रूप हुए।

राम का सीता के साथ विवाह हुआ और ये चौदह वर्ष के लिए वन को चले गए। पुनः लौटने पर इनके यहां लव-कुश दो पुत्र उत्पन्न हुए। कुश के वंश में अतिथि, निषिध, नल, नभा, पुण्डरीकाक्ष, क्षेमधन्वा, देवानाक, अहीनगु, महान्वान, चन्द्रावलोक, ताराधीश; चन्द्रगिरि; भानु वित्त; श्रतायु हुए। ये ही इक्ष्वाकु वंश का संक्षिप्त परिचय है। इनका स्मृति कीर्तन पुण्यदायी, पापनाशक और सद्गति देने वाला है।

चन्द्र वंश का परिचय देते हुए सूत ने बताया कि बुध का पुत्र पुरुरवा ही चन्द्र वंश को बढ़ाने वाला हुआ है। इनके छः तेजस्वी पुत्र हुए। इनमें

आयुश्रेष्ठ था। आयु ने स्वर्भानु की पुत्री प्रभा से पांच ओजवान पुत्रों को जन्म दिया। इनमें लोकनायक नहुष ज्येष्ठ था। नहुष के यहां याति, ययाति, संयाति, आयाति तथा अश्वक पांच पुत्र हुए। ययाति अत्यन्त बलवान और पराक्रमी था। इसने देवयानि से यदु तथा तुर्वसु को जन्म दिया। ययाति ने अपनी काम-तृप्ति के लोभ में ज्येष्ठ पुत्र यदु की अपेक्षा कनिष्ठ पुत्र पुरु को राज्य सौंप दिया। शेष को पूर्व, पश्चिम, उत्तर, दक्षिण प्रदेश देकर संतुष्ट किया। इन पांचों ने धर्मपूर्वक प्रजापालन करते हुए अपना कर्त्तव्य पूरा किया। यदु के वंश में पांच पुत्र, ज्येष्ठ सहस्रजित, हैहय (ज्येष्ठ), कीर्तिमान धर्म, धर्मनेत्र, कीर्ति, संजित, महिस्म, भद्रश्रेण्य, दुर्दम, अन्धक हुए। अन्धक के चार पुत्र हुए। कृतवर्मा का कृत्तौजा, कार्तवीर्य के सौ पुत्र हुए, पांच महायोद्धा पराक्रमी हुए। इनमें शूर, शूरसेन कृष्ण, धृष्ट तथा जयध्वज। इनमें प्रथम चार शिवभक्त थे, जयध्वज विष्णुभक्त था।

ज्येष्ठ भाइयों के अनुसार उनका कुलधर्म शिवपूजन था, जयध्वज का तर्क था कि विष्णु ही जगत के उत्पत्ति, पालन और प्रलय के करने वाले सत्, रज, तम मूर्तिमान हैं। उन्हीं की आराधना-स्तुति श्रेष्ठ है। विवाद को न बढ़ाते हुए वे पांचों भाई जब किसी निष्कर्ष पर नहीं पहुंचे तो वे निर्णय के लिए सप्तर्षियों की शरण में गए। सप्तर्षियों ने बताया कि बिना विवाद में पड़े यह जान लेना चाहिए जिसको भगवान का जो रूप भी प्रिय है वही उसका देवता है, सामान्य रूप से यही मानने योग्य है। विशेष रूप से देखा जाए तो राजाओं के देव विष्णु तथा इन्द्र हैं। ब्राह्मणों के देवता सूर्य, अग्नि, ब्रह्मा तथा शिव हैं, देवताओं तथा सिद्धों के देवता विष्णु, राक्षसों तथा दानवों के देव शिवजी, गन्धर्वों के देव चन्द्रमा, ऋषियों के देवता ब्रह्मा, तथा यक्षों-किन्नरों, विद्याधरों तथा स्त्रियों की देवी पार्वती हैं। गृहस्थ वर्ग के लिए भगवान के सभी रूप पूज्य हैं। ब्रह्मचारियों के लिए ब्रह्म, वानप्रस्थ के लिए सूर्य, संन्यासियों के लिए शंकर, भूतों के लिए रुद्र, पिशाचों के लिए विनायक ही एक मात्र देवता हैं।

ऐसा ही ब्रह्मा का कथन है। सप्तऋषियों से इस प्रकार प्रबोधित होकर कार्तवीर्य के इन सभी पुत्रों का विवाद शान्त हो गया तथा जयध्वज का विष्णु की अभ्यर्थना करना न्यायसंगत सिद्ध हुआ। सभी राजकुमार सन्तुष्ट होकर अपनी नगरी को लौट आए और शासन करने लगे। एक बार कार्तवीर्य के पुत्र को मिलने के लिए महर्षि विश्वामित्र उस नगरी में पधारे। मुनि का यथा उचित स्वागत, अभिवादन करने के पश्चात् जयध्वज ने उनसे श्री नारायण की पूजा का विधान स्वरूप और प्रभाव जानने की इच्छा प्रकट की। जयध्वज की

इस परम भक्ति को देखकर मुनि बोले कि श्री विष्णु नारायण का स्वरूप वर्णन से परे की वस्तु है। उन्हें योगिजन परमात्मा, परमपद, अक्षरब्रह्म, पुरुषोत्तम आदि शब्दों से उच्चरित करके स्वरूप निर्देशन करते हैं।

इनकी भक्ति और पूजा निष्काम भाव से और निष्ठा से करनी चाहिए। इनकी महिमा और प्रभाव तो तुम्हारे सामने स्पष्ट ही है। क्योंकि विदेह पर कार्तवीर्य के पुत्रों की विजय विष्णु के प्रसाद से ही सम्भव हो सकी। ऐसा कहते हुए मुनि पूजित होते हुए अपने आश्रम को लौट गए। इसके पश्चात् पांचों बन्धुओं ने वशिष्ठ, गौतम, अगस्त्य, अत्रि और विश्वामित्र आदि ऋषि पुंगवों को बुलाकर यज्ञ-अनुष्ठान किया और उसमें शिव और हरि की आराधना की। इस पर नारायण हरि ने अपने शिव हरि रूप का प्रदर्शन करके पांचों भाइयों का भ्रम दूर कर दिया। क्योंकि उनके इस एक ही रूप में हरि और हर का भाव समाहित था।

जयध्वज के वंश में तालजंग, वितिहोत्र, वृष, मधु, वृषण, विश्रुत, अनन्त, दुर्जय हुए। दुर्जय बड़ा प्रतापी और धर्मात्मा राजा था। उसकी अत्यन्त रूपवती, पतिव्रता और गुणवती पत्नी थी। एक बार यमुना नदी के किनारे अनिन्द्य रूप सुन्दरी उर्वशी को मधुर गायन और नृत्य करते देखकर वह उस पर मुग्ध हो गया और उससे प्रणय-याचना करने लगा। उर्वशी ने भी राजा के रूप-लावण्य को देखकर उसका निवेदन स्वीकार किया। और बहुत समय तक दोनों ने रति-विलास किया

समय बीतने पर जब राजा को अपने राज्य और प्रजा का ध्यान आया तो उसने रूप राशि उर्वशी से घर जाने की अनुमति मांगी। लेकिन उर्वशी ने यह कहते हुए कि यद्यपि मुझे भोग-विलास में इतनी रुचि नहीं है। परन्तु आपके प्रति मन में प्रेम उत्पन्न हो जाने के कारण मैं आपसे कुछ दिन और रुकने का निवेदन करती हूं। राजा को रोकना चाहा। राजा दुर्जय ने अल्प अवधि में ही अपनी प्रजा की सुधि लेकर शीघ्र लौटने का वचन देते हुए उससे जाने का निवेदन किया। उर्वशी ने इस चेतावनी के साथ कि यदि अपने वचनानुसार नहीं लौटे तो आपको किसी अप्सरा से रमण का कोई अधिकार नहीं रहेगा। इसे स्वीकार करते हुए राजा अपनी नगरी को लौट आया।

नगरी में अपने समक्ष पतिव्रता पत्नी को देखकर वह भयातुर हो उठा। पति को इस प्रकार चिन्तातुर देखकर रानी ने उसके निष्कलुष होने के लिए सारी बातें यथावत कह देने के लिए निवेदित किया। क्योंकि इस प्रकार भयग्रस्त रहने से राष्ट्र का विनाश हो जायेगा। पत्नी की ऐसी युक्तिपूर्ण बात सुनकर राजा दुर्जय पाप-मुक्ति के लिए नगर से बाहर कण्वं मुनि के आश्रम

में पहुंच गया और वहां मुनि को यथावत प्रणाम करके पाप के प्रायश्चित की विधि जानकर पापशमन हेतु तपस्या करने हिमालय की ओर चल दिया। मार्ग में उसने एक गन्धर्व को दिव्य माला के साथ देखा। राजा को माला देखते ही उर्वशी का ध्यान आ गया। उस कामुक राजा ने माला के लिए गन्धर्व से युद्ध किया और उर्वशी को लौटाने के लिए वह राजा माला को लिये यमुना तट से पृथ्वी पर इधर-उधर खोजता हुए हिमकूट, मेरु पर्वत, मानसरोवर, लांघता हुआ सरोवर के किनारे पर उर्वशी को पा गया। राजा ने वह माला उर्वशी के गले में डाल दी। इससे उर्वशी का सौन्दर्य और अधिक बढ़ गया और वह काम-पीड़ित राजा अपने पर नियंत्रण न रख सका। रति विलास के पश्चात् उसने उर्वशी के यह पूछने पर कि नगर में उसने क्या किया-राजा ने अपनी पत्नी की चेष्टा से प्रेरित कण्व मुनि के दर्शन, प्रायश्चित के लिए तपस्या करने हेतु वन में आगमन और गन्धर्व से माला का हस्तगन, युद्ध और उसके बाद खोजते हुए उर्वशी को पाने का सारा वृत्तान्त कह सुनाया। इस पर उर्वशी ने उसे जाने के लिए कहते हुए यह चेतावनी भी दी कि यदि वह नहीं जाएगा तो राजा पत्नी और कण्व मुनि उसे शाप दे देंगे। लेकिन उर्वशी के रूप में निमग्न वह राजा मोह से ग्रस्त उसी के पास रह गया। दुर्जय की अपने रूप के प्रति इस प्रकार की अनुरक्ति देखकर भी कल्याण की कामना से उर्वशी ने अपने क्रुद्ध रूप में आकर उसे वैराग्य की ओर प्रेरित किया। विवेक जागृत होने पर अपने को धिक्कारते हुए वह राजा तप में लीन हो गया और बारह वर्ष तक कठोर तपस्या की। किन्तु फिर भी उर्वशी के प्रति उसका मोह न गया। इस पर कण्व मुनि की शरण में जाकर जब उसने अपनी असफलता के निराकरण के लिए उपाय पूछा तो मुनि ने उसे वाराणसी में जाकर शंकर की उपासना का निर्देश दिया।

यथा-आदेश राजा दुर्जय ने काशी में आकर गंगा में स्नान, पितर तर्पण तथा शिवजी का पूजन-आराधना प्रारम्भ कर दिया। इस प्रकार राजा का पाप भी शमित हो आया और उसके मन में वैराग्य का भी स्थायी आवास हो गया। दुर्जय के वंश में सुप्रतीक हुआ। उर्वशी से राजा के यहां सात कन्याएं जन्मीं जिनको गन्धर्वो के साथ विवाहित कर दिया। सहस्र गति के वंश का यही संक्षिप्त परिचय है।

क्रोष्टु वंश का परिचय देते हुए सूतजी ने कहा कि क्रोष्टु का पुत्र वज्रवान, शांति कुशिक, चित्ररथ, पृथुयशा, पृथुकर्मा, पृथुश्रवा पृथु-उशना, पराकृत से होता हुआ यह वंश विदर्भ तक आता है। विदर्भ के तीन पुत्र हुए-क्रथ, कौशिक तथा लोमपाद। लोमपाद का वंश क्रम धृति, श्वेत, विश्वसह,

कौशिक, सुभत, अटल, श्वेनि, द्युतिमान वपुस्मान, वृहन्मेघा, श्री देव पीतरथ तक चलता है। क्रथ के वंश में कुंति, वृष्णि, नवरप हुआ, दशरथ, शकुनि, करम्भ, देवरात, देवक्षत्र, मधु, कुरु, सुत्राया व अनु, अंशु, अन्धक हुए। अन्धक का पुत्र सर्वशास्त्र निपुण यशस्वी सात्वत हुआ जिसने कौशल्या के गर्भ से यजमान, महाभोज, वृष्टि, देवावृध आदि पुत्रों को जन्म दिया। यजमान का पुत्र वभ्रु हुआ। वभ्रु के अनेक पुत्रों में निमि तथा कृकण हुए। महाभोज के वंश में भोज तथा वैमातृक हुए। वृष्णि के तीन पुत्र हुए। सुमित्र, अनमित्र तथा तिमि। अनमित्र के वंश में निध्न, प्रसेन तथा सत्रजित, सिनि, सत्यक, सात्यकि, असंग, कुणि, युगन्धर हुए।

सात्वत के तीसरे पुत्र वृष्णि के भाद्री से श्वफल्क तथा चित्रक नाम के दो पुत्र उत्पन्न हुए। श्वफल्क का विवाह शीराज की पुत्री से हुआ जिससे अक्रूर, उपभंगु तथा मंगु आदि बहुत से पुत्र उत्पन्न हुए। चित्रक के पृथु, विप्रथु, अश्वग्रीव और सुबाहु आदि पुत्र हुए। पृथु के कुकुर, यजमान, शमीक तथा बलगर्वित चार पुत्र हुए। कुकुर के वंश में वृष्णि, कपोत, रामा, विलोमक, तम, अनक दुन्दुभि हुआ। इसने ब्रह्मा तथा शंकर की आराधना के द्वारा एक रूपसी पत्नी को वरदान स्वरूप प्राप्त किया और उसके गर्भ से अनक, दुन्दुभि के यहां पांच पुत्रों ने जन्म लिया। इनसे ही गन्धर्वों तथा किन्नरों के वंश का विकास हुआ। ज्येष्ठ आहुक के दो पुत्र हुए–उग्रसेन तथा देवक। देवक के यहां देवकी आदि सात पुत्रियां तथा देववान, उपदेव आदि पुत्र हुए। इन पुत्रियों का विवाह वसुदेव से हुआ। उग्रसेन के पुत्र कंस, शंकु तथा तुष्टिमान हुए। पृथु के द्वितीय पुत्र विदूरथ के वंश-क्रम में सूरसम, प्रतिक्षत्र, स्वयं भोज, धात्रीक, कृतवर्मा, शूरसेन, वसुदेव, वासुदेव (भगवान कृष्ण) हुए। वसुदेव की दूसरी पत्नी रोहिणी से बलराम जन्मे। ये वासुदेव साक्षात् ब्रह्म थे, बलराम शेषनाग के अवतार थे। स्वयं श्री नारायण देव माधव ने भृगुजी के शाप को गौरव देते हुए देवकी के गर्भ से जन्म ग्रहण किया। भगवती पार्वती के शरीर से उत्पन्न योग निद्रा ने यशोदा के गर्भ से पुत्री के रूप में जन्म ग्रहण किया। देवकी के कृष्ण से पूर्व के सभी पुत्र कंस ने मार डाले थे। इसके पश्चात् ही रोहिणी ने बलराम को और देवकी ने कृष्ण को जन्म दिया। कृष्ण के आगे चारुदेष्ण, सुथारु, चारुवेश, यशोधर, चारुश्रवा, चारुयशा, प्रद्युम्न तथा साम्ब आदि पुत्र हुए। बलराम ने रेवती से विवाह करके निशित तथा उष्मक को जन्म दिया।

लोक-मर्यादा की रक्षा तथा उच्चादर्श को स्थापित करने के भाव से कृष्ण तपस्या के लिए अनेक योगियों ऋषियों द्वारा सेवित गंगा नदी के किनारे

बसे मुनि उपमन्यु के आश्रम में पहुंच गए। कृष्ण के आगमन को जानकर सभी ने अपने सौभाग्य को सराहा कि साक्षात् विष्णु खुद चलकर उनके पास तक आए हैं। उपमन्यु ने कृष्ण का समुचित स्वागत करते हुए उन्हें उत्तम आसन दिया। कृष्ण को साक्षात् ब्रह्म बताते हुए मुनि ने कहा–हमारा सत्य ही, पुरुषार्थ सफल हो गया जो साक्षात् विष्णु ने दर्शन देकर उपकृत किया। जिन दर्शनों के लिए सिद्ध मुनि करोड़ों जन्म ग्रहण करते हैं वे प्रभु इस प्रकार सहज ही दर्शन योग्य हो गए। कृष्ण ने गुरु उपमन्यु से कहा–मुनिवर! बहुत समय से मुझे भगवान शंकर के दर्शन नहीं हुए, आप उनके एकनिष्ठ भक्त हैं, कृपा करके परमेश्वर महादेव के दर्शन कराके उपकृत करें। इस पर उपमन्यु ने कहा– प्रभु! आप स्वयं जानते हैं, भगवान शंकर उग्र तप और भक्ति से ही प्रकट होते हैं। यह वही आश्रम है जहां वशिष्ठ ने योग, व्यास ने ज्ञान, देवों ने अभय तथा विद्वानों ने उत्तम सन्तति का वर प्राप्त किया है। यहीं वेदव्यास ने पुराण, भृगु ने ज्योतिष शास्त्र, याज्ञवल्क्य ने योग शास्त्र की रचना की। शुक्राचार्य ने भी यहीं तप करके महादेव से पुत्र प्राप्त किया था। अत: यह तपोभूमि है, आप भी यहां कठोर तप-साधना करके महादेव भगवान के दर्शन प्राप्त कर सकते हैं। इसके बाद गुरु उपमन्यु ने कृष्ण को पाशुपत योग का सारा रहस्य समझाया और कृष्ण भगवान शंकर के आराधना में लग गए। 'ओम् नम: शिवाय' मंत्र का जाप करने लगे। उन्हें नियत समय पर स्वयं भगवान महादेव ने पार्वती जी के साथ दर्शन दिए तो कृष्ण–'हे नित्य ज्योति स्वरूप, सर्वव्यापी भगवान महादेव शिव आपको ब्रह्मादि सभी ऋषि श्रेष्ठ नमन करते हैं। आप ही ऋद्धि, सिद्धि, सत्, रज, तम तथा तीनों गुणों की संहति है। आपको बारम्बार मेरा प्रणाम' कहते हुए स्तवन करने लगे। आप ही सृष्टि के कर्त्ता, जगत् के पालक और संहारकर्ता हैं, आप ही अग्निदेवों को प्राण देने वाले हैं। मैं एक मात्र आपको ही शरण मानकर आपकी शरण का अभिलाषी हूं। भगवान शंकर ने अपने समक्ष विष्णु के अवतारी रूप कृष्ण को जब इस प्रकार अपनी स्तुति करते देखा तो आर्द्र होकर बोले–अरे प्रभु! आप ही तो मेरी शक्ति हो, इसी रूप में तुम सभी प्राणियों की कामना पूर्ण करते हो, अनन्त परमेश्वर स्वरूप को पहचानो। कृष्ण ने शंकर के वचनों को सुनकर उत्तर में कहा – प्रभो! आप सभी कुछ जानते हैं, मेरा उद्देश्य भी जानते हैं, मैं आपसे अपने जैसा आपका भक्त पुत्र चाहता हूं। शिव ने तत्काल ही उन्हें 'ऐसा ही हो' का वर दे दिया और कहा केशव! मुझमें तथा तुममें कोई भेद नहीं लेकिन मूर्ख लोग हममें भेद मानते हैं। ऐसा कहते हुए शंकर कृष्ण का हाथ पकड़कर कैलाश पर्वत चले गए। कृष्ण का वहां सभी मुनियों देवों, गन्धर्वों, किन्नरों ने स्वागत किया। अप्सराएं, किन्नर-बालाएं, यक्षिनियां

काम-मोहित हो गई और कृष्ण का अपने हाथों शृंगार करने लगी। उन पर अपना अधिकार चाहती हुई अनेक लीलाएं करने लगीं, भक्त-वत्सली भगवान ने अपनी माया से अनेक रूप धारण कर उन सभी को तुष्ट किया।

द्वारिका निवासी कृष्ण के वियोग में विरह-पीड़ा अनुभव करने लगे। बलवान सुपर्ण उनकी खोज के लिए निकला लेकिन उसे कृष्ण का कहीं पता नहीं चल सका। अन्त में नारद जी के माध्यम से उसे यह ज्ञात हुआ कि कृष्ण कैलाश पर्वत पर विराजमान हैं तो वह उनकी सेवा में वहां पहुंचा और द्वारिका के सारे समाचार देकर उन्हें वहां चलने का निवेदन किया। कृष्ण शंकर की अनुमति से द्वारिका आ गए।

यहां उनका बड़े विशाल उल्लास के साथ स्वागत किया गया। इसी उपक्रम में मार्कण्डेय मुनि भी पधारे। कृष्ण ने उनका यथोचित सत्कार करके उन्हें आसन दिया। मार्कण्डेय मुनि ने कृष्ण को सूर्य को प्रणाम करके तर्पण करते, शिवलिंग पूजा करते देखकर सब कार्यों से निवृत्त होने पर पूछा—प्रभु! आप स्वयं परब्रह्म हैं, पृथ्वी का भार हल्का करने पृथ्वी पर पधारे हैं, योगीजन, वेद तथा भक्त आपका ही ध्यान, स्तवन तथा भजन करते हैं, आप शुभकर्मों से किसका आराधना कर रहे हैं। इस पर मन्द मुस्कराहट बिखेरते हुए कृष्ण ने बताया—मेरे लिए सब कुछ सम्भव है, मैं ही पूज्य हूं किन्तु मैं शंकर की पूजा-आराधना करता हूं, उसका कारण यह है कि जो मैं हूं वही लिंग है, हम दोनों में अभेद है। लोक-व्यवहार के लिए मैं नियम का पालन करता हूं। यह लोक अनुकरणशील है, अपने आदर्श महापुरुषों के आचरण अनजाने ही लोगों के लिए ग्रहणीय बन जाते हैं।

मार्कण्डेय मुनि के यह पूछने पर कि लिंग किसका प्रतीक है? वेदों में लिंगी शिव के प्रतीक को लिंग कहा जाता है। यह लिंग अव्यक्त, आनन्द, अक्षय, अव्यय और ज्योति रूप है। पुराने समय में जब जड़-चेतन सारा संसार समुद्र में लीन हो गया था, उस समय मुझे और ब्रह्मा को प्रबोधित करने के लिए इस लिंग का आविर्भाव हुआ था। उसी दिन से मैं तथा ब्रह्मा लोकहित के लिए लिंग की पूजा करते हैं। यही लिंग मूर्ति वेदानुसार, कालरूप, शांत शिव शंकर, ब्रह्मा हम दोनों का प्रणाम स्वीकार करें। शंकर ने ही ब्रह्मा, शिव, विष्णु के रूप में तीन रूपों में विभक्त होकर सृष्टि, उत्पत्ति, पालन तथा लय का दायित्व लिया है। कल्प के आदि में ही ब्रह्मा के मुख से सुर रूप में क्रोधज पुत्र के रूप में उत्पन्न हुए।

लोक में तभी से लिंग-पूजा का प्रावधान चल पड़ा। यह लिंग रूप ही श्री शंकर का प्रत्यक्ष शरीर है, इसका माहात्म्य योगी पुरुष, देव-दानव सिद्ध

मानव कोई भी नहीं जान सकता। यह अगम्य है। अव्यक्त ज्ञान स्वरूप भगवान शंकर का व्यक्त रूप यह लिंग ही है। इसी के माध्यम से महादेव भगवान के दर्शन हो पाते हैं। कृष्ण ने मार्कण्डेय मुनि को भी शंकर-स्तुति के लिए प्रेरित करते हुए लिंगपूजा का परामर्श दिया, इसी से सबका संसार सागर से शीघ्र उद्धार हो जायगा। ऐसा सुनकर कृष्ण के प्रति आभार प्रकट कर मार्कण्डेय मुनि अनुमति लेकर अपने आश्रम लौट गए।

कृष्ण के यहां शिवजी की अनुकम्पा से साम्य नामक पुत्र उत्पन्न हुआ, रुक्मिणी से प्रद्युम्न जन्मा। प्रद्युम्न का पुत्र अनिरूद्ध था। ये दोनों ही गुणवत्ता में कृष्ण के ही दूसरे रूप प्रतीत होते थे। श्रीकृष्ण ने कंस, नरक तथा अन्य कई राक्षसों को मार डाला और बाणासुर, इन्द्र आदि को खेल-खेल में ही जीत लिया तथा अपने धाम को लौट जाने का विचार किया। इसके ही बीच में भृगु आदि कई महर्षि श्रीकृष्ण के दर्शनों के लिए द्वारिका में आए। श्रीकृष्ण ने उनका यथोचित पूजन आदि करके उन्हें बताया कि हमने अपने सभी काम समाप्त कर लिये हैं और हम बलराम के साथ विष्णु लोक को जाना चाहते हैं।

अब कलियुग आ गया है। इसमें अधर्म और पाप होंगे। कलयुगी लोगों को पापों से मुक्ति मिल सके, इसके लिए आप कुछ ज्ञान और विवेक के शास्त्रों की रचना कीजिए। मेरा यह विश्वास है कि कलियुग में भक्ति भाव और वेद विधान से मेरा पूजन पूरा करने वाले को परम पद प्राप्त होगा। लेकिन भगवान शंकर की निन्दा करने वाले को मेरा पूजन करने के पश्चात् भी क्षमा न मिल सकेगी। विष्णु और शिव को एक समान मानकर पूजन करने वाले को इस भवसागर के बन्धन से मुक्ति मिल सकती है। श्री कृष्ण के 'ओइम्' के उच्चारण के बाद मौन हो जाने से सभी ऋषिगण अपने आश्रम को लौट गए। श्रीकृष्ण ने अपनी लीला के द्वारा सारे कुल को नष्ट कर दिया और परम पद को प्राप्त किया।

इसके पश्चात् ऋषियों ने सूत से चारों युगों के प्रभाव के बारे में जानने की जिज्ञासा प्रकट की। सूत ने कहा कि जब भी नारायण हरि कृष्ण के निजधाम चले जाने पर अर्जुन ने उनका तर्पण और अन्त्येष्टि संस्कार किया। दुख से व्याकुल अर्जुन को रास्ते में श्री कृष्ण द्वैपायन मुनि मिले। वह उनके चरणों में गिरकर बोला कि आपके दर्शन मिल जाने से मेरा दुख कम हो गया है—आप कुछ समय रुककर मेरा मार्ग-निर्देशन करने की कृपा करें। तब वेदव्यास ने अर्जुन को नदी तट पर बैठकर इस प्रकार उपदेश दिया।

व्यास ने अर्जुन से कहा कि यह कलियुग का प्रारम्भ है। इसलिए मैं पुण्यनगरी काशीपुरी में जा रहा हूं। इस कलिकाल में लोग वर्णाश्रम धर्म से रहित पाप में लीन रहेंगे। जिसका एकमात्र उपाय प्रायश्चित ही होगा। इस युग में केवल काशीपुरी ही ऐसा स्थान है जहां पर जीवों का कल्याण हो सकता है। सत्ययुग, त्रेतायुग और द्वापर युग में धर्म की मान्यता रहेगी परंतु कलियुग में इसका अभाव रहेगा। इस समय सभी लोगों में आप ही धैर्यशील और लोकवत्सल महात्मा हैं। आप भय से मुक्त होकर अपने धर्म का पालन कीजिए। इसी में आपका कल्याण है।

इसके पश्चात् अर्जुन ने व्यास को प्रणाम करते हुए उनसे सनातन धर्म बताने का अनुरोध किया। सनातन धर्म के बारे में बताते हुए व्यास ने कहा कि प्रथम युग सत्ययुग में ध्यान और तप की, द्वितीय युग त्रेता में ज्ञान की, तृतीय युग द्वापर में यज्ञ की और चतुर्थ युग कलियुग में दान की प्रधानता और महत्ता रहती है। सत्ययुग के प्रधान देवता ब्रह्मा, त्रेता के सूर्य नारायण, द्वापर के श्री विष्णु नारायण और कलियुग के भगवान शंकर हैं। चारों युगों में चारों ही देवों की पूजा होती है परन्तु विशेष पूजा के अधिकारी विशेष ही देव हैं।

सत्ययुग में धर्म अपने चारों चरणों में होता है, त्रेता में वह तीन चरणों में होता है, द्वापर में दो चरणों में तथा कलियुग में केवल एक ही चरण में रहता है। इस प्रकार कलियुग में धर्म का केवल नाममात्र ही रह जाता है। सत्ययुग में मैथुनी सृष्टि का आरम्भ तो हो जाता है लेकिन प्रजा में लोभ नहीं होता है, वह आनन्द और सन्तुष्ट होकर जीवन व्यतीत करती है। अधम, मध्यम ओर उत्तम भावों से रहित प्रजा आयु, रूप, सम्पत्ति, सुख आदि में समान होती है। प्राणी सभी प्रकार के शोकों से दूर, एकान्त में वास करने वाले और तत्त्वज्ञानी होते हैं। ध्यान, तप और पूजा को महत्त्व देते हैं और निष्काम भाव से कार्य करते हैं।

परन्तु त्रेता युग के आने पर इन सभी में क्षीणता आने लगती है। लोग मेघों पर निर्भर रहने लगते हैं क्योंकि पृथ्वी का जल सूखने लगता है। वर्षा के जल से वृक्ष उत्पन्न होते हैं, जिन्हें प्राणी अपना घर मानने लगते हैं। इस युग के लोग वृक्षों की गन्ध, वर्ण, फल-फूलों के अतिरिक्त वस्त्र ओर आभूषण भी इन्हीं के द्वारा बनाते हैं। पुष्पों के रस का सेवन करने से लोग स्वस्थ रहते हैं। धीरे-धीरे इन लोगों में लोभ उत्पन्न होने लगता है, जिसके कारण शहद को एकत्रित करने की वृत्ति जन्म लेती है और वे उस पर अपना एकाधिकार समझने लगते हैं। इस वृत्ति के कारण आपस में झगड़े होने लगते हैं, फलस्वरूप बहुत से वृक्ष नष्ट हो जाते हैं और लोग आश्रयहीन होकर शीत और धूप से अपनी रक्षा करने के लिए भटकने लगते हैं।

कुछ समय के पश्चात् इन लोगों में पारस्परिक सहयोग की भावना जन्म लेती है। जिसके कारण ये वृक्ष, लता आदि के साथ-साथ कृषि भी करने लगते हैं। इनमें लोभ उत्पन्न हो जाता है और ये पर्वतों, नदी के तटों आदि तक कृषि का विस्तार करने लगते हैं। इस कार्य को करते समय बहुत से नये वृक्षों, लताओं औषधियों आदि का ज्ञान होता है और लोग इनका दुरुपयोग करना शुरू कर देते हैं। इस कार्य से दुखी होकर पृथ्वी अपनी सम्पदा को अपने अन्दर छुपा लेती हैं। ब्रह्मा की आज्ञा से महाराज पृथु पृथ्वी का दोहन करते हैं। पृथ्वी की सम्पदा का उपभोग करते समय लोग मर्यादा का भी ध्यान नहीं रखते हैं। इस मर्यादा और सदाचार की रक्षा करने के लिए ब्रह्मा वर्णाश्रम की स्थापना करते हैं।

द्वापर में यज्ञ की प्रधानता रहती है। यज्ञ के लिए पशुसंहार नहीं किया जाता। लेकिन लोगों के मन में राग, लोभ, संघर्ष, माया, मोह आदि उत्पन्न हो जाते हैं। इस युग में वेदाचार्यों द्वारा एक वेद को चार भागों में बांटा जाता है। वेद की प्रथम - मन्त्र और ब्राह्मण दो भागों में, पुन: स्वर और वर्ण के भेद से ऋक, यजु, साम और अथर्वण आदि चार संहिताओं में बांटा जाता है। शास्त्रीय मान्यताओं में भेद उत्पन्न हो जाने से ब्रह्मसूत्रों और कल्पसूत्रों की रचना होती है। इसी में आगे चलकर इतिहास, पुराण और धर्मशास्त्रों का भी विस्तार होता है।

इस युग में वाणी, मन, शरीर के अनेक रोगों का उदय होता है। अवृष्टि, मरण और रोगों के कारण लोग दुखी रहने लगते हैं। जिससे विरक्ति का भाव ओर विरक्ति से दुख उत्पन्न होता है। इन सबसे मुक्ति पाने के लिए चिन्ता का उदय होता है। वैराग्य के कारण विवेक जाग्रत होता है और विवेक से ही शुद्ध ज्ञान प्राप्त होता है। द्वापर के लोग रज: और तम: प्रवृत्ति के होते हैं। यह स्थिति कलियुग में जाकर और भी विषम रूप धारण कर लेती है। जिसके कारण लोग व्याकुल हो उठते हैं और नष्ट होने लगते हैं। क्षुधा, भय, मारक रोग, अनावृष्टि, कलियुग के मुख्य लक्षण हैं। इसमें देशों का पतन होता रहता है। कलियुग के जीव को धर्म में कोई रुचि नहीं होती। क्रोधी, लोभी, सत्य न बोलने वाले तथा दुराचारी होते हैं। दुष्कर्म करने वाले होते हैं। इस युग में द्विजातीय यज्ञ नहीं करते तथा ब्राह्मण वेद नहीं पढ़ते। ब्राह्मणों के स्थान पर दूसरे वर्णों के अज्ञानी लोगों में वेद पढ़ने और यज्ञ करने की प्रवृत्ति दिखलाई देती है। शूद्रों का ऊंची जाति के लोगों के साथ खान-पान होता है–वे लोग विद्या, ज्ञान आदि में ब्राह्मणों से आगे होते हैं।

इस युग के द्विजाति लोग स्नान, होम तप, दान देवपूजन आदि शुभ कर्म न करके, श्री नारायण देव, महादेव, ब्राह्मण, वेद, पुराण, धर्मशास्त्र आदि

धर्मग्रंथों को निन्दित करते हैं। कलियुग में पाखण्ड का ही साम्राज्य होता आया है और आगे भी यही होगा। लोग बहुत दुखी, कम आयु वाले तथा तमोगुणी होंगे। डाका, हत्या, आग आदि दुर्घटनाओं का बाहुल्य रहेगा। बड़े-बड़े ऋषि-मुनि, तीर्थों और वेदों के द्वारा धन अर्जन करके अपनी आजीविका चलायेंगे। शूद्र लोगों से ब्राह्मणों को अनेक प्रकार की यातनाएं दी जायेंगी। ऐसे अधर्मी और पापी संन्यासी होंगे जो दूसरों का भी धर्म नष्ट करेंगे। अध्यात्म की चर्चा करने के स्थान पर लौकिक गीत गाए जायेंगे। सभी धर्मों के लोग पाप कर्म में लीन रहेंगे। ज्ञानहीन और कर्महीन हो जाने के कारण विभिन्न प्रकार के कीड़े-मकोड़े, सांप, आदि से मनुष्य दुखी रहेगा। दक्ष के यज्ञ में देवी के शाप के फलस्वरूप, ब्राह्मण, महादेव की निन्दा करेंगे।

इस पाप के कारण घोर यातनाएं सहन करेंगे। गौतम के शाप से ग्रस्त लोग भी इस युग में ब्रह्मवादी बनकर उत्पन्न होंगे और वे तमोगुणी, दुराचारी तथा लोगों को पथभ्रष्ट करने वाले होंगे। अन्त में व्यास ने कहा कि इतने अधिक दोषों के रहते हुए भी कलियुग में एक गुण है कि मनुष्य को पुण्यफल भी आसानी से प्राप्त हो जाता है। इसमें भगवान शंकर के वन्दन, स्मरण, अर्चन तथा पूजन करने मात्र से ही जीवों को पापों से मुक्ति मिल जाती है। शिव की उपासना से कलियुग के सभी कष्ट दूर हो जाते हैं। शिव के पूजन के बिना कोई भी दान, तप, यज्ञ सफल नहीं होता। श्री वेदव्यास शंकर का स्तवन करने के पश्चात् बोले कि प्रत्येक कल्प में ये युग आते रहे हैं और आते रहेंगे, प्रवृत्ति में थोड़ा-बहुत अन्तर रहा है और आगे भी रहेगा।

यह सब जान लेने के पश्चात् अर्जुन ने व्यास को सादर प्रणाम करते हुए उनसे जाने की अनुमति मांगी और शिव के पूजन के लिए चल दिए।

ऋषियों द्वारा यह पूछने पर कि श्री वेदव्यास ने वाराणसी पुरी में जाकर क्या किया ? सूत ने बताया कि वाराणसी में जाकर व्यास ने श्रद्धा सहित भूमि को स्पर्श किया और गंगा में स्नान करके शिव का पूजन किया। वहां के लोगों ने व्यास का यथोचित सत्कार करते हुए उनसे, शिव से सम्बन्धित पापनाशिनी, मोक्षदायिनी, सनातन तथा पुण्यमय कथा सुनाने का निवेदन किया। उस स्थान पर व्यास के शिष्य जैमिनी भी बैठे थे। उन्होंने व्यास से एक गूढ़ प्रश्न किया कि कुछ विद्वान ध्यान की, कुछ दूसरे धर्म की अन्य कुछ सांख्य की, कुछ तप और योग की, दूसरे लोग दान, दया तथा अध्ययन की, अन्य कुछ महात्मा ब्रह्मचर्य, अहिंसा, सत्य और संन्यास की, कुछ तीर्थ यात्रा तथा इन्द्रिय निग्रह की प्रशंसा करते हैं। सभी अपने-अपने मत का समर्थन करते हैं और उसे ही श्रेष्ठ बतलाते हैं। हे मुनिश्रेष्ठ ! हमें यह बताने

का कष्ट कीजिए कि इनमें शाश्वत कल्याण का सबसे अच्छा साधन कौन-सा है।

श्री वेदव्यास ने मुनि के द्वारा यह सुनकर कहा कि जिस सनातन ज्ञान का मैं उपदेश देने जा रहा हूं, वह स्वयं शंकर भगवान ने मुझे दिया था। यह ज्ञान श्रद्धाहीन और वेद-ज्ञानहीन व्यक्ति को नहीं देना चाहिए। ऐसा कहते हुए वेदव्यास ने यह बताया कि एक बार जब श्री महादेव मेरुपर्वत पर बैठे थे तो भगवती जगदम्बा पार्वती उनके पास जाकर कहा हे करुणासागर प्रभो ! सांख्य, योग, तप, ध्यान, कर्म, योग तथा अन्य अनेक श्रमसाध्य साधनों में से किस साधन के अपनाने से जीव को आपकी प्राप्ति शीघ्र हो जाती है। वह सरल साधन भक्तों के हित के लिए मुझे बताने का कष्ट करें जिसके द्वारा योगी, विज्ञानी आदि के आप सूक्ष्म, अदृश्य और अगोचर दृश्य हो जाते हैं। पार्वती के इस प्रकार पूछने पर श्री शंकर भगवान ने कहा कि हे महादेवि-वाराणसी पुरी मेरा पवित्र और पुण्यमय क्षेत्र है। यह नगरी सभी जीवों का संसार सागर से उद्धार करती है। इस पुरी में महात्मा लोग नियमपूर्वक अनुष्ठान करते हुए रहते हैं। काशीधाम सभी तीर्थों और स्थानों में उत्तम है।

अन्य सभी तीर्थों में मुझे काशीपुरी सबसे अधिक प्रिय है। मैं यहीं पर काल का रूप धारण करके संसार का संहार करता हूं।

यहां पर किए गए सभी कर्म-जप, तप, ध्यान, अध्ययन, दान, स्नान, श्रवण आदि श्रेयस्कर होते हैं। जन्म-जन्मान्तर तक किए गए पाप इस नगरी में प्रवेश करने मात्र से ही नष्ट हो जाते हैं। ब्राह्मण, क्षत्रिय, वैश्य, शूद्र, वर्णसंकर, स्त्रियां, म्लेच्छ तथा अन्य पाप योनियों के सभी जीव जीवाणु काशीपुरी में प्राणत्याग से अगले जन्म में उत्तम कुल में जन्म लेते हैं। यहां प्राणत्याग करने वाले पापी नरकगामी नहीं होते। शिव ने कहा-देवि ! कलियुग में मोक्ष अत्यन्त कठिन है। इस बात को हृदय में रखकर यदि कोई प्राणी काशी जाकर अपने मन को स्थिर नहीं रख पाता है तो उसे पत्थर मार-मारकर अपने पैरों को अशक्त बना देना चाहिए जिससे वह वहां से अन्यत्र न जा सके। काशीपुरी का वास बड़े ही पुण्यों के फल से मिलता है। जप, तप, योगसाधन करने पर भी काशीवास नहीं मिल पाता।

यहां पर आने वाले भक्तों की मैं परोक्ष रूप में सहायता करता हूं। जो लोग मेरी माया से परे रहते हैं वे इस ओर ध्यान नहीं दे पाते। यदि कोई व्यक्ति दुश्मन से बचने के लिए भी काशी पहुंच जाता है तो उसका भी कल्याण निश्चित है। जन्म, मृत्यु और जरा से मुक्त काशी मोक्ष की अभिलाषा रखने वालों के लिए सर्वथा उपयुक्त है। यहां वास करने से वह सब कुछ

मिल जाता है जो दान, यज्ञ, तप, स्वाध्याय, जप-पूजन आदि से भी नहीं मिल पाता है। यहां पर अधिकतर महात्मा लोग निवास करते हैं, जिनके कारण वातावरण त्याग और वैराग्यमय रहता है। यहां पर आने वाले लोग इसीलिए सांसारिक मायामोह को छोड़कर विवेकशील वैरागी बन जाते हैं। वैराग्य के जन्म लेते ही हृदय के रागात्मक भाव भक्तिभाव में बदल जाते हैं। पूर्वजन्म में वे जितने अधिक रागद्वेष में लिप्त रहते हैं इस जीवन में वे उतने ही अधिक भगवान के भक्त और प्रेमी बन जाते हैं।

रागानुगा युक्त भक्ति मोक्ष का परम उत्तम अमोघ एवं निश्चित साधन है। मैं यहां पर रहने वालों को परम ज्ञान देकर परमपद पाने की ओर अग्रसर करता हूं। पृथ्वी लोक पर अन्य तीर्थों के बारे में पार्वती को बताते हुए शिव ने कहा कि यों तो और भी अनेक तीर्थ हैं। जिनमें से ये प्रमुख हैं–

प्रयाग, नैमिषारण्य, श्री शैल, हिमालय, केदार, भद्रकर्ण, गया, पुष्कर, कुरुक्षेत्र, रुद्रकोटि, नर्मदा, हाटकेश्वर, पुष्पाग्र, वंश, कोकामुख, प्रभात, विजयेशान, गोकर्ण तथा शंकुकर्ण। इन सभी में वाराणसी का महत्त्वपूर्ण स्थान है। वाराणसी में प्रवेश करने पर गंगा की महिमा अधिक हो जाती है और स्नान, ध्यान, जप, तप तथा पूजा करने वालों के पापों को नाश कर देती है। वाराणसी में गंगा के तट पर निवास करने वाला शठ पापी और अधार्मिक प्राणी भी अपने सहित तीन कुलों का उद्धार कर लेता है।

यहां के वातावरण के प्रभाव से बुद्धि शुद्ध और वृत्तियां स्थिर हो जाती हैं और व्यक्ति न चाहते हुए भी अच्छे मार्ग की ओर चल पड़ता है। अन्य तीर्थों में कई जन्म लेने पर तप आदि करने से जो प्राप्त होता है वह काशी में एक जन्म लेते ही मिल जाता है। केवल काशीपुरी में ही मैं साक्षात् निवास करता हूं। यह पुरी वरुणा और उसी के नाम की दो अन्य नदियों के बीच स्थित है। यहीं रहकर ब्रह्मा और विष्णु भी मेरी उपासना करते हैं। पापियों के मार्ग में यहां पर अनेक कठिनाइयां उपस्थित हो जाती हैं। जो लोग यहां आने के पश्चात् जान-बूझकर पाप करते हैं, उन्हें कठोर दण्ड का भागी बनना पड़ता है।

काशी में वास करने वाले को मन लगाकर शिवजी की पूजन करना चाहिए। भूल से होने वाले पापों को तो मैं क्षमा भी कर देता हूं। इस प्रकार अर्जुन को वाराणसी की महिमा सुनाने के पश्चात् वेदव्यास वाराणसी में निवास-पर्यटन करते ओंकारेश्वर पहुंच गए। व्यास ने ओंकारेश्वर महादेव की महिमा का वृत्तांत इस प्रकार सुनाया।

यह निर्मल, सुन्दर, ओकारेश्वर लिंग परम विज्ञान-रूप तथा पवित्र है। प्राचीन काल में वाराणसी में निवास करने वाले मुनि लोग नित्य ही इस लिंग की पूजन-अर्चन किया करते थे। इस महादेव के प्रतीक लिंग को स्मरण करने से ही प्राणियों को सभी पापों से मुक्ति मिल जाती है। भगवान रुद्र का पांचों देव-ब्रह्मा, विष्णु, शिव, सूर्य और गणेश-के रूप में साक्षात् निवास है। यह लिंग पाशुपत ज्ञान और पांचों पदार्थों-शान्ति, पराशान्ति, विद्या, प्रतिष्ठा और निवृत्ति को देने वाला है। यह लिंग ब्रह्मादि पांचों देवों का आश्रय स्वरूप है, ओंकार शब्द से इसका सम्बन्ध है। इस लिंग का पूजन मृत्यु के पश्चात् परमानन्द ज्योतिस्वरूप भगवान शिव में ही प्रवेश करता है। इस लिंग की पूजा करने से अनेक ऋषि, मुनि, देवर्षि, परम पद को प्राप्त कर चुके हैं। वाराणसी के तट पर अनेक लिंग है। ओंकारेश्वर, वृत्तिवासेश्वर, मध्यमेश्वर, विश्वेश्वर तथा कपर्द्दीश्वर। लेकिन भगवान शंकर की कृपा के बिना इन्हें कोई भी जान नहीं सकता।

इस प्रकार ओंकारेश्व्रर की महिमा का वर्णन करने के पश्चात व्यास ने वहां एकत्रित मुनियों से अनुमति लेते हुए कृत्तिवासेश्वर लिंग के दर्शन करने की इच्छा से आगे की ओर प्रस्थान किया। वहां पहुंचकर व्यास ने कृत्तिवासेश्वर लिंग का पूजन करने के पश्चात उसकी महिमा का वर्णन करते हुए बताया कि-इस स्थान पर पूर्वकाल में हस्ती नाम का एक दैत्य रहता था, जो शिव के इस लिंग की पूजा करने वालों को मार डालता था।

अपने भक्तों की रक्षा करने के लिए शिव ने स्वयं उस लिंग से प्रकट होकर उस गज की आकृति वाले दैत्य को शूल से मार दिया और उसकी चमड़ी का आवरण बना लिया। तभी से भगवान शंकर का नाम कृत्तिवासेश्वर पड़ गया। बहुत से सिद्ध पुरुषों ने प्राचीन काल में इस लिंग की पूजा करके परमपद को प्राप्त कर लिया। विद्या, विद्येश्वर, रुद्र, शिवादि, सभी रूप इस लिंग को घेरे रहते हैं। कलियुग में धर्म की हानि होने के कारण बहुत से लोग इस लिंग के पूजन को कभी नहीं छोड़ते हैं। अन्य स्थानों पर जहां अनेक जन्मों के पुण्य कर्मों के बाद मोक्ष की प्राप्ति होती है, तो कृत्तिवास में एक ही जन्म के पूजा विधान से मोक्ष की प्राप्ति हो जाती है। वेदज्ञानी विद्वान लोगों ने इसे सभी सिद्धियों का विधान बताया है। भक्तवत्सल शिव स्वयं यहां विराजमान रहते हैं, और भक्तों को अपने दर्शन देकर उनका उद्धार करते हैं। वाराणसी में आकर कृत्तिवास लिंग की पूजा, अर्चना करने वाले सभी लोग मरने के पश्चात ब्राह्मण कुल में जन्म लेते हैं। भगवान शिव की उपासना करने से अशुद्ध विचार शुद्ध हो जाता है।

अत: कृत्तिवास लिंग की आराधना, पूजा करके अपने कल्याण करने वाले मार्ग पर चलना चाहिए। व्यास कपर्दीश्वर महादेव के माहात्म्य की कथा सुनाकर भगवान शंकर के दर्शन करने के लिए काशीपुरी को चले गए। वहां पहुंचकर उन्होंने भागीरथी में स्नान किया और विधिवत पूजन-अर्चन किया। वहां व्यास के साथ आए मुनियों ने देखा कि एक भयातुर मृगी भागती हुई आयी और कपर्दीश्वर भगवान के लिंग की परिक्रमा करने लगी।

उंसी समय उसकी खोज करता हुआ, उसके पीछे-पीछे भागता एक भयानक आकृति का सिंह वहां आ गया। मृगी उस सिंह को देखकर तेज गति से भागने लगी, परन्तु वह ताकतवर सिंह उसे पकड़कर तेज नाखूनों से फाड़ डाला। उसके पश्चात् वह शान्त होकर दूसरे वन की ओर चला गया। भगवान कपर्दीश्वर के सामने मरी पड़ी उसी मृगी ने आकाश से सूर्य के समान दिव्य चमकती महा ज्वाला को देखा तो तुरन्त ही नन्दी पर आरूढ़ श्री नीलकण्ठ के रूप में परिवर्तित हो गई जिसके ऊपर उन्हीं के रूप वाले गण तथा नभचर फूलों की वर्षा कर रहे थे। कुछ समय पश्चात वह मृगी गणेश्वर का रूप धारण करके उन्हीं में समाहित हो गई।

जब मुनियों ने एक साधारण-सी मृगी की इस प्रकार के गाणपत्य की प्राप्ति और भगवान शिव के साक्षात् दर्शन को देखा तब आश्चर्यचकित होकर श्री वेद व्यास से कपर्दीश्वर के महात्मय के बारे में पूछने लगा।

इस पर व्यास ने बताया कि कपर्दीश्वर महादेव के लिंग का मन्त्रों द्वारा पूजन करने और जप, तप, योग-साधन करने से शांत चेतना वाले योगियों को सहज ही सिद्धि प्राप्त हो जाती है। यहां पर पूजन करने से ब्रह्महत्या जैसे पाप भी नष्ट हो जाते हैं। इसकी कथा सुनाते हुए आगे व्यास ने बताया कि–शंकुकर्ण नाम का एक तपस्वी कपर्दीश्वर महादेव का पूजन किया करता था। वह भगवान शिव का नित्य पुष्प, धूपादि के साथ-साथ स्तोत्रों, नमस्कारों, और परिक्रमाओं से अर्चन किया करता था तथा रुद्र-रूप प्रणव मन्त्र 'ओइम् नम: कपर्द्दिने महादेवाय' का जाप करता था। वह ब्राह्मण पूर्ण रूप से शिव के प्रति समर्पित हो गया था।

एक बार उसने एक भूखे-प्यासे प्रेत को अस्थियों और चमड़े से लिपटा हुआ अपनी ओर आते देखा। वह गर्म और लम्बे-लम्बे सांस ले रहा था। शंकुकर्ण को उस पर दया आ गई। उसने उस प्रेत से पूछा कि तुम कौन हो, कहां से आए हो और किधर जाने का विचार है ? भूख की अधिकता से व्याकुल होते हुए उस प्रेत ने बताया कि पूर्वजन्म में मैं भी धन-धान्य से परिपूर्ण एक ब्राह्मण था। पुत्र-पौत्रों के इस परिवार के साथ मे सुखपूर्वक जीवन बिता रहा था।

उसके भरण-पोषण में लीन रहने के कारण मेरा कभी देव, ब्राह्मण, गाय और अतिथि आदि के पूजन की ओर ध्यान ही नहीं गया और न मैंने कभी कोई यज्ञ, तप, जप, दान, पाठ, स्तुति तथा पूजादि जैसे सत्कर्म किए। एक बार वाराणसी में भगवान शंकर के दर्शन करने के पश्चात उन्हें नतमस्तक हो प्रणाम किया। इस घटना के कुछ दिन पश्चात ही मेरी मृत्यु हो गई। मैंने यमलोक की यातनाएं तो नहीं भोगी लेकिन भूख-प्यास से इतना अधिक पीड़ित हूं कि मुझे अपने हित-अहित, कर्त्तव्य और अकर्त्तव्य कुछ भी दिखाई नहीं देता। आप, मेरा उद्धार हो जाये, ऐसा कोई मार्ग बताइये। पिशाच की विनती सुनकर शंकुकर्ण ने कहा कि मेरे विचार में तुम जैसा कोई पुण्य आत्मा वाला इस लोक में है ही नहीं। क्योंकि तुमने तो विश्वेश्वर भगवान शंकर का साक्षात् दर्शन किया है और उनका स्पर्श कर उनका वन्दना किया है।

शंकुकर्ण ने उस पिशाच के कुण्ड में स्नान करने के लिए कहा, जिससे कि वह उस पिशाच योनि से मुक्त हो सके। भगवान शंकर का स्मरण करके स्नान करते ही वह पिशाच उस योनि से मुक्त हो गया। उसी समय उसे सूर्य के समान चमकते हुए विमान में शंकर के दर्शन हुए। बाल्य खिल्यादि ऋषि, सिद्ध, देव, गन्धर्व, विद्याधर तथा किन्नर शंकर का स्तवन, पुष्पों की वर्षा और सेवा कर रहे हैं। अप्सराएं नृत्य कर रही हैं तथा विद्याधर स्तोत्रों का पाठ कर रहे हैं। तभी एक दिव्य विमान वहां उतरा, उसके चलाने वालों ने पिशाच को विमान में बिठाया और शिव लोक ले गये। इस प्रकार के दृश्य को अपने समक्ष देखकर शंकुकर्ण विभिन्न प्रकार के शंकर की स्तुति करने लगा। जब शंकुकर्ण स्तुति के पश्चात भूमि पर गिरकर प्रणाम कर रहा था, तभी कपर्द्दीश्वर के उस लिंग में से आनन्द अद्वैत, ज्ञान स्वरूप, देदीप्यमान भगवान शंकर प्रगट हुए। उन्होंने शंकुकर्ण को अपने में समेटकर अपना स्वरूप बना लिया।

भगवान वेदव्यास के मुख के कपर्दीश्वर क्षेत्र की महिमा को जानकर उनके शिष्यों ने कुछ समय तक वहीं रहकर शिव की उपासना-पूजा की। तत्पश्चात वे अपने शिष्यों सहित मध्यमेश महादेव के दर्शन करने उस क्षेत्र की ओर चल दिए। वहां पर उन्होंने तपस्वी महात्माओं के द्वारा पूजित पुण्य मन्दाकिनी के निर्मल, स्वच्छ एवं शीतल जल में स्नान करके देवों, ऋषियों और पितरों के तर्पण किया। इसके पश्चात सभी ने श्रद्धापूर्वक मध्यमेश महादेव का निवेदन करके पशुपत विधि से उनका पूजन किया। पूजन करते सभी ने अपने अंगों पर भस्मों का लेप किया।

वहां उपस्थित हुए शिव के उपासक मुनियों, कौपीनधारी ब्रह्मचारियों, शान्त ज्ञानियों, यज्ञोपवीत धारी विप्रों, मुण्डितशिरयतियों तथा जटाधारी वैखानसों ने अपने शिष्यों को साथ लेकर वेदव्यास का यथावंत पूजन किया और उनसे उनका परिचय पूछा। धर्मात्मा ऋषियों की जिज्ञासा को शान्त करते हुए व्यास के शिष्यों ने बताया कि आप हमारे परमपूज्य गुरुदेव सत्यवती नन्दन श्री वेदव्यास महाराज हैं। ये साक्षात भगवान विष्णु के द्विभुज अवतार हैं। वेदों का विभाजन भी इन्होंने ही किया। भगवान शंकर ने इनके घर में श्री शुकदेव के रूप में जन्म लिया है। परम रहस्यमय पाशुपत ज्ञान के अच्छे विद्वान हैं। शिव भक्त मुनियों ने व्यास के परिचय को पाकर प्रसन्न होते हुए उनसे यह निवेदन किया कि आप हम पर प्रसन्न हैं तो हमें उस ज्ञान का परिचय कराने की कृपा करें, जिसके द्वारा हमें शीघ्र ही भगवान शंकर के दर्शन हो सकें। मुनियों के इस प्रकार निवेदन करने पर व्यास ने सुमन्तु आदि शिष्यों को विदा करके योगियों को उस दुर्गम ज्ञान का स्पष्ट परिचय दिया। उस ज्ञान के प्रकाश से वहां एक निर्मल श्रेष्ठ पवित्र ज्योति उत्पन्न हुई जिसमें वे सभी तपस्वी ब्राह्मण लीन हो जाने से अर्न्तहित हो गए। इसके पश्चात व्यास ने पैलादि शिष्यों को बुलाकर मध्यमेश्वर महादेव का माहात्म्य इस प्रकार सुनाया–

इस स्थान पर भगवान शंकर भगवती पार्वती के साथ प्रतिदिन विहार करते हैं। इसी स्थान पर विश्वात्मा देवकीसुत, भगवान श्रीकृष्ण ने भस्मलेप, रुद्राक्षधारण, त्रिपुण्डलेपन तथा रुद्राराधन का निर्वाह करते हुए निवास किया था। श्री कृष्ण द्वारा यहीं पर साधना की गई थी। जिसके फलस्वरूप शंकर ने उन्हें साक्षात् दर्शन दिए थे और गोविन्द तथा शंकर को एक मानने वाले को ही ईश्वरीय ज्ञान प्राप्त हो सकेगा, ऐसा विधान भी किया था। भगवान शंकर के अनुसार जो व्यक्ति इस स्थान पर प्राण त्याग करेंगे वे मेरे लोग में प्रवेश कर सकेंगे।

इसके पश्चात् व्यास ने मुनियों को आगे बताया कि इस स्थान पर प्रवाहित होने वाली मन्दाकिनी के जल में स्नान करके, मन्दाकिनी के जल से मध्यमेश्वर महादेव का अभिषेक, पूजन, अर्चन करने वाले प्राणी जो यहां स्नान, दान, तप, श्राद्ध, पितृतर्पण तथा भूतबलि आदि पुण्य कार्य करते हैं, उन्हें उनका सौ गुना लाभ मिलता है तथा इसके सात कुलों का उद्धार हो जाता है। ऐसा व्यक्ति ज्ञात-अज्ञात सभी प्रकार के पापों से मुक्ति पा जाता और परम पद को प्राप्त करता है।

मध्यमेश्वर महादेव क्षेत्र मे कुछ समय निवास करने के पश्चात् व्यास जैमिनी आदि ऋषियों के साथ लेकर अन्य अनेक तीर्थों की यात्रा पर चल

दिए। वे तीर्थ मुख्य रूप से ये हैं–प्रयाग, विश्वरूप, कालतीर्थ, आकाशतीर्थ, महातीर्थ, आनुषतीर्थ, गौरीतीर्थ, प्राजापत्यतीर्थ, स्वर्णद्वार, जम्बुकेश्वर, गया, नारायणवायु, ज्ञान, वाराह, यम, सम्वर्तक, अग्नितीर्थ, कालकेश्वर, नागतीर्थ, सोमतीर्थ, सूर्यतीर्थ, मणिकर्ण, घटोत्कच, श्रीतीर्थ, गंगातीर्थ, कापिल, सोमेश, ब्रह्मतीर्थ, भूतेश्वर, गन्धर्व, वाह्वेय, दौर्वासिक, होमतीर्थ, चित्रांगद, विद्याधरेश्वर, केदार, कालंजजर, सारस्वत, प्रभास, खेटकर्ण, हिमालय, हिरण्यगर्भ, वृषध्वज, व्याघ्रेश्वर, त्रिलोचन, लोलार्क, कपालमोचन, शुक्रेश्वर तथा आनन्दपुर। इन सभी तीर्थों में व्यास ने शिवलिंग का अभिषेक करके विधि-विधान द्वारा अर्चन-पूजन किया और पैलादि ब्राह्मणों को अपने आश्रम में लौट जाने को कहा। शिष्यों के लौट जाने पर व्यास वाराणसी में ही निवास करने लगें।

एक बार व्यास को पूरा दिन 'ऊँ नमः शिवाय" का उच्चारण करते घूमने पर भी वाराणसी में कहीं से भिक्षा नहीं मिला। इस पर उनका धैर्य और संयम टूट गया। काशी निवासियों की इस प्रकार की वृत्ति देखकर व्यास ने उन्हें ऐसा शाप देना चाहा जिससे उन्हें अपने उद्देश्य में सिद्धि न प्राप्त हो सके। ऐसी स्थिति में भगवती पार्वती ने स्त्री का रूप धारण करके व्यास को भिक्षा दिया और काशी निवासियों के प्रति क्रोध को छोड़ देने का निवेदन किया। भगवती पार्वती ने कहा कि आप शायद काशी नगरी में रहने योग्य ही नहीं हैं क्योंकि जिन लोगों ने आज तक आपका पालन किया है, उनकी एक ही दिन की उपेक्षा से आप इतने अधिक क्रोधित हो उठे कि अपनी उदारता, कृतज्ञता, क्षमाप्रियता सभी विशेषताएं भूल गये।

पार्वती की ऐसी बातें सुनकर व्यास ने तुरन्त ही ध्यान लगाया और मां भगवती का वास्तविक स्थिति जानकर अनेक प्रकार से उनकी स्तुति वन्दना करने लगे। अनेक प्रयत्नों के द्वारा मां भगवती को प्रसन्न करके व्यास ने उनसे अष्टमी और चतुर्दशी को काशी में प्रविष्ट होने की प्रार्थना की। तब देवी तथाऽस्तु कहकर वहीं अन्तर्हित हो गई। इस घटना से व्यास को काशी नगरी की महिमा का वास्तविक ज्ञान हो गया और वे काशी नगरी को छोड़ उससे थोड़ी दूर पर रहने लगे। वास्तव में काशी नगरी का वास शान्त व श्रद्धालु महात्माओं को ही मिल पाता है।

काशी नगरी का वृत्तान्त सुनने के पश्चात ऋषियों ने सूत से तीर्थराज प्रयाग की महिमा का वर्णन करने का आग्रह किया। प्रयागराज की महिमा को बताते हुए सूत ने कहा कि जहां पर स्वयं पितामह ब्रह्मा विराजमान रहते हैं, उस प्रयागराज का माहात्म्य महर्षि मार्कण्डेय ने पाण्डुनन्दन युधिष्ठिर को इस प्रकार सुनाया था–कौरवों का विनाश करने के पश्चात् युधिष्ठिर अपने भाइयों

के साथ दुखी जीवन यापन कर रहे थे। उसी समय मार्कण्डेय मुनि हस्तिनापुर में पधारे। द्वारपाल द्वारा यह सूचना पाकर युधिष्ठिर दौड़ते हुए द्वार पर पहुंचे और मुनि को स्वागत-सत्कार किया।

तत्पश्चात बोले कि आपके आगमन से मेरा जीवन सफल हो गया है। मुनि का नाना प्रकार से अभिनन्दन करते हुए उन्हें सिंहासन पर बैठाकर पाद्य, अर्घ्य तथा आचगनादि से विधि विधानपूर्वक पूजन किया। पूजा विधान से मुनि प्रसन्न हो गए। मुनि मार्कण्डेय ने जब युधिष्ठिर को दुखी एवं परेशान देखा तो उनसे दुख क्लेश का कारण जानना चाहा। इस पर युधिष्ठिर ने हाथ जोड़कर नतमस्तक हो युद्ध में निरपराध प्राणियों की हत्या पर दुःख प्रकट किया।

युधिष्ठिर ने कहा कि हमारा संघर्ष तो कौरवों से था परंतु इस युद्ध में सभी सगे-सम्बन्धी और सहयोगी हमारें द्वारा मारे गये हैं। मैं इस हिंसा के फल-भोग से कैसे मुक्त हो पाऊंगा। यही मेरे दुःख और चिन्ता का कारण है। आप सर्वज्ञ, सर्व समर्थ और परहित में निमग्न रहने वाले हैं। आप ही मेरा मार्ग निर्देशन कर मुझे उपाय बता दीजिए। युधिष्ठिर को इस प्रकार पीड़ित देखकर मार्कण्डेय ने कहा कि आपको अपने सभी पाप कर्मो, दुखों आदि को दूर करने के प्रयागराज में जाना होगा। प्रयाग तीर्थराज है। यहां बहुत समय तक भगवान शिव ने निवास किया है और ब्रह्मा का तो वहां पर स्थायी निवास है। प्रयागराज की यात्रा करने से आपके सभी पापों का स्वयंमेव नाश हो जायेगा।

ऐसा सुन धर्मराज युधिष्ठिर ने मुनि से कहा–महामना ! आप तो सब कुछ के जानने वाले हैं, आप मुझे प्रयाग माहात्म्य का, वहां जाने, प्राण त्याग करने वहां स्नान तथा निवास करने से प्राप्त फल के बारे में विस्तार से बताकर अनुग्रहीत करें। युधिष्ठिर की ऐसी जिज्ञासा देखते हुए मुनि मार्कण्डेय ने उन्हें बताया कि प्रयागराज को प्रजापति ब्रह्मा का क्षेत्र कहा जाता है। तीनों लोकों में यह इसी रूप में ख्याते है। यहां स्नान करने वाले भक्त सीधे स्वर्ण का गमन करते हैं और जो यहां देह पूरी करते हैं वे फिर दोबारा जन्म लेने के कष्ट से चिरन्तन मुक्ति पा लेते हैं। इस क्षेत्र की रक्षा के लिए ब्रह्मादि सभी देवगण सदैव तत्पर रहते हैं। इसमें पाप दूर करने वाले अन्य दूसरे तीर्थ स्थल भी हैं।

यद्यपि उनका वर्णन सौ वर्ष आख्यान वृत्त कहने से भी पूरा नहीं हो पाएगा फिर भी कुछ महत्त्वपूर्ण स्थलों का पुण्य पवित्र वर्णन मार्कण्डेय ने युधिष्ठिर को इस प्रकार कह सुनाया–इस परम पावन पुण्य सलिला के क्षेत्र में लगभग साठ करोड़ देवता गंगाजी की रक्षा करते हैं तथा सात अश्वों की

सवारी करने वाले श्री भगवान सूर्यदेव यमुना की रक्षा करते हैं। स्वयं श्री नारायण भगवान भी इस पुण्यस्थली की रक्षा करते हैं।

इन्द्र विशेष रूप से प्रयागराज में निवास करते हैं। जो मनुष्य पाप-कर्म करता है, या जिस किसी के भी कुछ भी पापकर्म शेष रह जाते हैं वह इस पावन स्थली में नहीं जा पाता है, और सच्चाई तो यह हैं कि भक्त अपने सत्कर्मों की कृपा से नहीं बल्कि परम पाद श्री विष्णु की अनुकम्पा से इस पवित्र स्थली का स्पर्श कर पाता है और उन्हीं की कृपा से उसे यहां निवास का अवसर प्राप्त होता है। जो कोई भी भक्त यहां स्नान करता है, जप-ध्यान करता है, प्रभु का नाम संकीर्तन करता है अथवा यहां की मिट्टी को शरीर पर लेपन करता है, वह सभी पापों से मुक्ति पा जाता है या उसके पाप नष्ट हो जाते है। इस प्रकार प्रयत्न करने से मनुष्य शुद्ध-बुद्धि होकर ईश्वर में अनुरक्त होकर मोक्ष को पाता है। इस पुण्य क्षेत्र में प्रमुख रूप से पांच कुण्ड हैं, गंगाजी इसके मध्य में उपस्थित हैं। यहां का माहात्म्य इतना अधिक है कि यदि इस स्थली में प्रवेश करके सौ कोस दूर से भी भक्त गंगा मैया के नाम का स्नान कर लेता है तो ऐसा घोर पापात्मा भी उत्तम गति को पा लेता है। यदि उसे दर्शन हो जाते हैं तो वह सामान्य ऋषिगण, मुनिवृन्द आदि के लिए भी दुर्लभ सुख और कल्याण का अधिकारी हो जाता है। प्रयागराज में गंगा के स्पर्श मात्र से ही भक्त तर जाता है, उसे देवलोक में उच्चासन मिलता है, रोगी कष्ट पाने वाला, वृद्ध सब ही अपने रोग से मुक्त हो जाते हैं। प्रयाग में वास करने वाला प्राणी स्वयं का उद्धार तो करता ही है, तर्पण से अपने पितरों का भी उद्धार करके उन्हें सद्गति दिलाता है। मुनियों का ऐसा भी मत है कि जो प्राणी प्रयाग में देह पूरी करता है वह बार-बार जन्म लेने के संकट से मुक्ति पाता है।

मार्कण्डेय मुनि ने युधिष्ठिर को प्रबोधित करते हुए कहा-हे राजन् ! निष्काम भाव से प्रयागराज में स्नान ध्यान, पूजा अर्पन करने से तथा वहीं रहते हुए प्राण त्यागने के फलस्वरूप प्राणी को मुक्ति प्राप्त हो जाती है। किन्तु जो काम भावनाएं लिये हुए प्रयाग में वास करता है, उसे जीवन में तो दिव्य सुखों की प्राप्ति होती ही है, प्राण त्याग के पश्चात् उच्च मनुष्य कुल में जन्म मिलता है। व्यक्ति, देश-विदेश जहां कहीं भी हो, प्राणान्त के समय यदि वह प्रयाग का स्मरण भी कर लेता है तो उसे ब्रह्मलोक की प्राप्ति होती है।

गंगा-यमुना-सरस्वती की इस पुण्य-स्थली पर दान का भी अपना एक विशिष्ट महत्त्व है, कपिला गाय के सींगों में सोना भरकर, उसके पैर के खुरों में चांदी भरकर दान करने वाले प्राणी-गाय के शरीर के रोओं की संख्या

सौगुने वर्षों तक स्वर्ग लोग में सम्मान पाता है और पुण्य लाभ प्राप्त करता है। वास्तव में महर्षियों, तपस्वियों और साधकों द्वारा प्रयाग महिमा के सम्बन्ध में जो भी माहात्म्य का वर्णन सुना था, उसके आचरण के व्यक्ति निश्चय ही लाभ प्राप्त करता है।

यदि कोई व्यक्ति बैल की सवारी करके प्रयाग की यात्रा करता है तो उसे नरक कष्ट भोगना पड़ता है। पित्तर उसके द्वारा दिए जल को स्वीकार नहीं करते, पुत्र तथा गृहिणियां अन्न के अभाव को सहते हुए पीड़ित रहते हैं। इसलिए इस यात्रा के लिए व्यक्ति को किसी वाहन की अपेक्षा पैदल की यात्रा सम्पन्न करनी चाहिए।

प्रयाग में बड़ के वृक्ष की जड़ का सहारा लेकर जो व्यक्ति जीवन लीला का समापन करते हुए प्राण त्यागता है, स्वर्ग में ब्रह्मादि देव भी उनका सम्मान करते हैं। दिशायें, उनके स्वामी, पितर, लोकपाल, सनत्कुमार आदि ऋषि उसका अभिनन्दन करते हैं, दोनों पवित्र नदियों के बीच का संगम स्थल जघन कहलाता है। इसका बड़ पुण्यदायी महत्त्व होता है, यहां स्नान करने से अश्वमेध यज्ञ का फल मिलता है। प्रयाग यात्रा का प्रस्ताव–मां, बाप, भाई–बन्धु, कोई भी रखे, उसे तत्काल स्वीकार कर लेना चाहिए और जो व्यक्ति अपने जीवन काल में प्रयाग नहीं जा पाता वह तो तीनों लोकों से वंचित ही रह जाता है। जैसे चन्द्रमा राहु से मुक्त हो जाता है उसी प्रकार प्रयागराज के सेवन से व्यक्ति पाप से मुक्त हो जाता है।

यमुना के दक्षिणी किनारे पर कम्बल और अश्वतर दो नाग रहते हैं, यहां स्नान करने या जल पीने से भक्त सभी पापों से मुक्ति पा जाता है। यहां भगवान शंकर का अभिषेक करने वाला भक्त अश्वमेध यज्ञ के समान पुण्य लाभ करता हुआ स्थायी रूप से स्वर्गलोक वास का अधिकारी हो जाता है, तथा गंगा के पूर्व भाग में स्नान करने वाला दुर्लभ गति का अधिकारी होता है, और उच्चपद पाता है। यदि सत्कामी मनुष्य ब्रह्मचर्य व्रत के साथ तीन दिन रात्रि प्रयाग में व्यतीत करता है तो उनकी तीन पीढ़ियों के पापों का शमन हो जाता है।

भागीरथी के उत्तर से वाम पार्श्व की ओर हंस प्रपतन स्थान तीनों लोगों में प्रसिद्ध है। यहां स्नान करने से व्यक्ति सूर्य चन्द्रमा की स्थिति तक स्वर्ग लोक का सुख प्राप्त करता है। हंस के समान धवल, उज्ज्वल उर्वशी तीर्थ के रेत पर प्राण त्याग करने वाला साठ हजार वर्षों तक स्वर्ग का सुख पाता है। जब तक व्यक्ति की अस्थियां गंगा में रहती है, उतने हजारों वर्षों तक वह स्वर्गवास करता है। वस्तुतः तीर्थों में प्रयागराज की स्थिति परम पवित्र एवं

प्रधान है, नदियों में श्रेष्ठ नदी गंगा की यमुना से यह मिलन-स्थली है, तीनों लोकों में गंगा द्वारा, गंगा संगम और प्रयाग पुण्यात्माओं की गति के लिए प्रमुख माने गए हैं, अपने उद्धार के इच्छुक प्राणी के लिए गंगा के सेवन से बड़ा सुखदायी, अभीष्ट पूरा करने वाला, सुकर और सुगम साधन अन्य दूसरा और कौन-सा हो सकता है। सतयुग में नैमिषारण्य का, त्रेता में पुष्कर राज का, द्वापर में कुरुक्षेत्र का तथा कलियुग में गंगा और प्रयाग राज का महत्त्व है। इस जैसा सद्गति साधन अन्य दूसरा नहीं। निष्काम या सकाम किसी भी भाव से गंगा संगम-स्थली प्रयागराज का सेवन करने वाला प्राणी कभी नरक का मुंह नहीं देखता।

माघ मास में प्रयाग-स्थली में साठ हजार तीर्थ समाहित हो जाता है। जो पुण्य फल एक लाख गौ-दान से प्राप्त होता है, वह माघ मास में प्रयाग राज में स्नान से सुलभ है। संसार में प्रसिद्ध इस संगम में स्नान, करने वाला प्राणी सभी पापों से मुक्ति पाता हुआ सोमलोक की यात्रा करता है और साठ हजार वर्ष तक वहां निवास करता है ! यहां से वह पुण्यात्मा गन्धर्वों द्वारा सेवित होकर ब्रह्मलोक में जाता है वहां के सुख उपभोग करता हुआ जम्बु द्वीप में सम्भ्रांत तथा प्रतिष्ठित कुल में जन्म लेता है। जो व्यक्ति शीर्षासन की मुद्रा में गंगा का सेवन करता है जल को पीता है, वह सात हजार वर्षों तक स्वर्गलोक में सुख-सम्मान प्राप्त करता है और वह काल सुख से बिताने पर पृथ्वी पर जन्म लेकर वहां का अधिपति होता है, प्रयागराज में अपना शरीर काटकर पक्षियों को खिलाने वाला लाखों वर्षों तक सोमलोक में वास करता हुआ अन्त में पृथ्वी पर जन्म लेकर धार्मिक, विद्वान तथा राजा बनता है। प्रयागराज में ही दक्षिण दिशा में ओर ऋण प्रमोचन नाम का एक तीर्थ है यहां एक रात ही के सेवन मात्र से व्यक्ति सभी प्रकार के ऋणों से मुक्त हो जाता है वह इसके पश्चात् स्वर्ग-सुख का ही अधिकारी नहीं होता बल्कि जन्म-जन्मान्तर तक किसी भी ऋण का दायी नहीं होता।

ऐसा कहते हुए मुनि मार्कण्डेय ने युधिष्ठिर से कहा कि हे कुंतिनन्दन ! सूर्य की पुत्री यमुना तीनों लोकों में अपनी पवित्रता, गरिमा तथा श्रेष्ठता के लिए प्रसिद्ध है, यमुना का उद्गम स्थल भी वहीं है जहां से गंगा निकलती है। यह नदी सहस्त्रों कोस की दूरी से भी नाम लेने वाले का उद्धार कर देती है, जहां यह नदी अपना रूप धारण करती है, वहां स्नान करने से, जल को पीने से, स्पर्श करने से मनुष्य जन्म-जन्मान्तरों के पाप कर्म से मुक्त हो जाता है। और यही नहीं उसकी पूर्व की सात पीढ़ियों तक का उद्धार हो जाता है। यमुना के किनारे शरीर त्याग करने वाला प्राणी परम गति का अधिकारी हो जाता है।

यमुना के दक्षिण भाग में लोक में प्रसिद्ध तीर्थ अग्नि तीर्थ है, पश्चिमी तट पर धर्मराज के द्वारा स्थापित अनरक तीर्थ है, यहां स्नान करने से मनुष्य स्वर्ग को जाता है। तथा जो प्राणी नित्यप्रति यहीं वास करते हुए स्नान, ध्यान, जप-पूजन करते हुए शरीर त्यागते हैं, वे पुनर्जन्म के झंझटों से मुक्ति पा जाते हैं। यहां कृष्ण पक्ष की चतुर्दशी के दिन प्रयाग में यमुना किनारे स्नान करने से और पितरों का श्राद्ध तर्पण करने से मनुष्य बड़े-से-बड़े, घोर-से-घोर पाप से छुटकारा पा जाता है।

इस बारे में योगी, मुनिगण तथा विद्वानों का यह विचार है कि प्रयागराज में दस करोड़ और दस हजार तीर्थ एक साथ उपस्थित है। वायु भगवान ने भी यही कहा है कि यहां साढ़े तीन करोड़ तीर्थ स्थित है। वस्तुतः पुण्य सलिला भागीरथी जहां-जहां भी होकर गुजरती है, वही प्रदेश उत्तम, तपोवन तथा पुण्यदायी हो गया है। गंगा का किनारा निश्चय ही सिद्ध क्षेत्र हो जाता है। इसमें भी प्रयाग की महिमा अपरम्पार है, यह वह स्थली है जहां विष्णु और शिव तथा माधव और महादेव की एक साथ इकट्‌ठी स्थिति है, सत्य ही यह सत्य, धन्य, पवित्र, पूज्य, वरेण्य, सेवन करने योग्य, रमणीय, तपोमय स्वर्गमय स्थान है, यहां शिक्षा ग्रहण करने वाले विद्यार्थी की बुद्धि निर्मल तथा ग्रहणीय हो जाती है। भारतवर्ष में जितने भी अन्य तीर्थस्थल हैं, पृथ्वी, समुद्र तल तथा आकाश में जितने भी पुण्य स्थल है, प्रयाग उन सभी में श्रेष्ठ है, प्रयाग में सभी कामनाएं पूर्ण हो जाती है। ऐसा कहते हुए मार्कण्डेय मुनि ने युधिष्ठिर को प्रयाग में जाकर स्नान करने का सत्यपरामर्श दिया ताकि सभी क्लेश, शोक, मोह और चिन्ताओं से मुक्ति मिल सके। इस प्रकार युधिष्ठिर को से प्रबोधित करके, उचित सम्मान तथा श्रद्धा को ग्रहण करते हुए राजा की अनुमति से अपने आश्रम को लौट गए।

श्रीमन नारायण प्रभु की कृपा से इस प्रकार सूतजी से स्वायम्भुव मनु का वर्णन सुनकर कृतकृत्य हुए मुनियों ने कहा—हे प्रभु ! आपने हम पर बड़ी कृपा की है, अब कृपया त्रिलोक के मण्डल में स्थित सागर, द्वीप, वर्ष पर्वत, नदियां, सूर्य और ग्रहों की स्थिति तथा प्राणियों को धारण करने वाली पृथ्वी तथा उसके अधिपति-शासक आदि के बारे में भी विस्तार से ज्ञान वर्धन कराइए, तो महामुनि सूतजी ने ऋषियों की ऐसी सद्इच्छा जानकर उन्हें बताया कि यह तो ज्ञात ही हो चुका है कि स्वायम्भुव मनु महाराज के पुत्र प्रियव्रत प्रजापति के समस्त दस पुत्र थे—आग्नीघ्र, अग्निवाहु, वपुष्मान, द्युतिमान, मेधा, मेधतिथि, हव्य, सवन, पुत्र तथा ज्योतिष्मान। इनमें ज्योतिष्मान अत्यन्त

पराक्रमी धर्माचारी, दानवीर और सभी मनुष्यों तथा जीवों के प्रति कृपालु था। तीन पुत्र मेधा, अग्निबाहु और पुत्र तो योग परायण हो गए, इन्होंने राज्य प्राप्त करने के लिए कोई रुचि नहीं दिखलाई। प्रियव्रत प्रजापति के शेष सातों पुत्र सात द्वीपों के शासक हुए–

शासक	**द्वीप**
आग्नीघ्र	जम्मू द्वीप
मेघातिथि	लक्षद्वीप
वपुष्मान	शाल्मल द्वीप
ज्योतिष्मान	कुश द्वीप
द्युतिमान	क्रोंच द्वीप
हब्य	शाक द्वीप
सवन	पुष्कर द्वीप

पुष्कर राज सवन के यहां दो पुत्र हुए–महीदीत तथा धातकि। इनके नाम से इनके द्वारा शासित प्रदेश महीवीत खंड तथा धातकि खण्ड कहलाए। प्रजापति हव्य शाकद्वीप के अधिपति बने, उनके यहां सात पुत्र–जलद, कुमार, सुकुमार, मणिचक्र, कुशोत्तर, मोक्षक तथा महा प्रभु हुए। इन्हीं के नाम के इनके द्वारा शासित प्रदेश सात खंडों के नाम से विख्यात हुए। प्रजापति द्युतिमान के यहां भी सात पुत्र जन्मे थे–उद्‌भेद, वेणुमान, अश्वरथ, लम्बन, धति, प्रभाकर तथा कपिल। इनके नाम पर यह द्वीप सात खण्डों में विभक्त हो गया। इसी प्रकार शाल्मल द्वीप के अधिपति वपुष्मान के श्वेत, हरित, जीमूत, रोहित, वैद्युति, मानस तथा सुप्रभा पुत्र हुए और इनके द्वारा शासित प्रदेश इन्हीं के नामों से सात वर्षों में विभक्त हो गया। लक्षद्वीप के अधिपति मेघा तिथि प्रजापति के सात पुत्र–शान्तमय, शिशिर, सुखोदय, आनन्द, शिव, क्षेमक, ध्रुव हुए। इनके द्वारा शासित प्रदेश भी इनके नाम से पुकारे गए।

आग्नीघ्र जम्मू द्वीप के अधिपति थे उनके यहां नौ महाबली पुत्र उत्पन्न हुए जम्बू द्वीप नौ खंडों में विभक्त हुआ और इन सभी को एक-एक खण्ड का शासक बनाया गया। नाभि–दक्षिण प्रदेश, किम्पुरुष–हिमकूट वर्ष, हरि–नैषध वर्ष, इलावृत्त–मेरु मध्यस्थित इलावृत्त वर्ष रम्य–नीलाद्रि प्रदेश वर्ष, हिरण्यवान–नीलाद्रि वर्ष का उत्तरी खंड कुरु-भगवान पर्वत वर्ष, महाश्व–मेरु पर्वत का पूर्वाचल वर्ष, केतुमाल–गन्धमादन वर्ष और इस प्रकार राज्य पुत्रों को सौपकर आग्नीघ्र स्वयं तप करने के लिए वन में चले गए महात्मा नाभि ने मेरु देवी से विवाह किया और उनके यहां एक द्युतिमान पुत्र उत्पन्न हुआ। इसका नाम

ऋषभ था, इसके यहां सौ पुत्र हुए। इनके भरत अग्रज था। भारत के राज्य प्राप्त करने के पश्चात् ऋषभ संन्यस्त होकर तप करने चले गए। भरत के वंश में, सुमति, तेजस, इन्द्रघुम्न, परमेष्ठ, प्रतिहार, प्रतिहर्त्ता भद्र, उद्गीथ, पृथु, नक्त, गय, नर विराट धीमान, रौवण, त्वष्टा, विरज, रज, शतजित, रथजित हुए। रथजित के सौ पुत्र हुए इनमें प्रधान विश्वज्योति था। इसके यहां ब्रह्मा के आशीर्वाद से अरिन्दम नाम का पुत्र पैदा हुआ। आगे चलकर अरिन्दम के पुत्रों ने ही इस प्रदेश में शासन किया।

त्रिलोकी के परिमाण के बारे में विस्तार से बताते हुए सूतजी ने कहा– सृष्टि के आदि में अविभाजित अण्ड से भूलोक, भुवःलोक, स्वर्गलोक, महर्लोक, जनलोक, तपलोक, सत्यलोक के रूप में सात लोक बने। पुराणों में यह उक्ति प्रचलित है कि जहां तक सूर्य की किरण जाती है, वहां तक भूलोक का विस्तार है। जितना भूलोक का विस्तार है– उतना ही भुवर्लोक है। आकाश में जहां ध्रुव की स्थिति है उसी अर्द्धमण्डल का नाम स्वर्लोक है, यहां एक से ऊपर एक के क्रम से सात वायु की धुरियां है–ये प्रावह, प्रवह, अनुवह, सम्वह, विवह, तथा परिवह कहलाते हैं। भूमि से एक लाख योजन की दूरी पर सूर्य मण्डल, सूर्य मण्डल से एक लाख योजन दूर चन्द्र मण्डल स्थित है। चन्द्र मण्डल से एक लाख योजन दूर नक्षत्र मण्डल है, दो लाख योजन दूर बुध, बुध से उतनी ही दूर शुक्र, शुक्र से दो लाख योजन दूर मंगल, मंगल से दो लाख योजन दूर देवगुरु बृहस्पति, देवगुरु बृहस्पति से दो लाख योजन दूर पर शनि ग्रह की स्थिति है, इस प्रकार इस सप्तर्षि मंडल में सूर्य, चन्द्र, बुध, मंगल, बृहस्पति, शुक्र, शनि, एक-दूसरे से दो लाख योजन दूर है। इस मंडल से एक लाख दूर ध्रुव स्थित है, यही श्री हरि नारायण भगवान विष्णु स्थित हैं।

सूर्य की परिधि नौ सहस्त्र योजन है इससे तीन गुना परिमाण वाली यानी सत्ताईस हजार योजन विस्तार का उसका मंडल फैला हुआ है। चन्द्र मण्डल का फैलाव सूर्य से परिमाण में दो गुना है यानी चौवन हजार योजन का परिमण्डल है। सूर्य तथा चन्द्रमा के मण्डल के कुल विस्तार के समान (इक्यासी हजार योजन) का मंगल ग्रह पृथ्वी की छाया से निकल कर अपना मण्डल बनाता है। इसका स्थान संख्या की गणना की दृष्टि से तीसरे स्थान में है किन्तु अन्धकार से घिरा हुआ रहता है। चन्द्र मण्डल के सोलहवें भाग के समान शुक्र ग्रह का स्थान है, बृहस्पति का परिमाण शुक्र से चरण विहीन समझना चाहिए। बृहस्पति से चरण विहीन परिमाण मंडल और शनि का है। इन दोनों के मंडल विस्तार की दृष्टि से ही बुध की स्थिति मानी जाती है। जितने भी नक्षत्र तथा तारे हैं वे सभी बुध के विस्तार के समान है।

इस प्रकार परिमण्डल के विस्तार की चर्चा करते हुए सूतजी ने बताया कि तारे तथा नक्षत्र भी एक-दूसरे से ऊंचाई तथा नीचे की ओर होते हुए एक-दूसरे से आपस में एक-एक सौ, दो-दो सौ, चार-चार सौ पांच-पांच सौ योजन दूरी पर स्थित हैं। किन्तु इतने पर भी इन्हें एक दूसरे के समीप पहुंचते हुए भी देरी नहीं लगती, ये शीघ्र ही एक-दूसरे के समीप पहुंच जाते है, इसमें इन्हें कोई असुविधा भी नहीं होती। इस प्रक्रिया में वे आकाश में ऊपर ही ऊपर एक-दूसरे के समीप पहुंच जाते है। शनि, बृहस्पति तथा मंगल ग्रह अन्य ग्रहों की अपेक्षा धीमी गति से गमन करते है। जब सूर्य, चन्द्र तथा बुध और शुक द्रुत गति से गमन करते है। सूर्य ग्रह दक्षिण की दिशा में गमन करता हुआ इन ग्रहों के नीचे से गुजरता है। इस समय चन्द्र अपने मण्डल का विस्तार करते हुए सूर्य के ऊपर यात्रा करता है। शेष ग्रह चन्द्रमा के ऊपर चलते हैं। बुध सभी नक्षत्रों के ऊपर गमन करता है, बुध से ऊपर शुक्र, शनि, बृहस्पति की स्थिति है। इस प्रकार सप्तर्षि मण्डल शनि भी ऊपर स्थित है। ध्रुव की स्थिति सप्तर्षि मण्डल के ऊपर है।

सूत ने इससे आगे बताया कि हे विप्रो ! सूर्य रथ विस्तार में सहस्त्र योजन फैला हुआ है। इसके विस्तार में कितने ही दण्ड, अर्ध कोटियां, अक्ष, चक्र नाभि तथा नेमि लगे हुए हैं। सूर्य का रथ, जब पूर्व दिशा में होता है, उस समय दिन होता है, जब यह पश्चिम की ओर सरकता है उस समय दिशा तथा विदिशाओं में रात्रि काल होता है। कुम्हार के चक्र के समान सूर्य का रथ चक्कर काटता रहता है। सूर्य के चक्र में ही दिन-रात का विधान निहित है। त्रिलोक में प्रकाश सूर्य के चक्रमान रहने से ही होता है। ऐसा भी कह सकते हैं, सारा त्रिलोक प्रकाश के लिए सूर्य पर ही आश्रित होता है।

यदि सूर्य चक्रमान न रहे अथवा गति न करे तो सारा वातावरण अन्धकारमय हो जाएगा। सब जगह अन्धकार ही अन्धकार हो जाएगा। इस प्रकार के व्यक्तिकरण से कोई भी शुभाशुभ कर्म अथवा सृष्टि का विस्तार ही रुक जायेगा। सूर्य प्रकाश के आश्रित्र सभी देवता, मनुष्य तथा दैत्य-राक्षस सभी है। रुद्र, इन्द्र, विष्णु, चन्द्रमा, देवलोक वासी, पृथ्वी के निवासी, विद्वान, ब्राह्मण सभी को प्रकाशमान करने के लिए एक मात्र सूर्य ही सक्षम है। यही वास्तव में देवाधिदेव, सारे लोक के स्वामी सर्वात्मा, महादेव, प्रजा पालक और परम देव है इनके ही बारह स्वरूप बारह आदित्य कहलाते हैं ये ही भगवान विष्णु के प्रत्यक्ष स्वरूप है। इन प्रकाश के भंडार, ज्योति के सागर स नारायण के समक्ष सभी देव, यक्ष, किन्नर, गन्धर्व, सर्प आदि नमन करते ह।

वेद मन्त्रों का पारायण करते हुए सभी सिद्ध मुनि महात्मा इन्हीं ब्रह्ममय का स्तवन, यजन करते है। धाता, यम, मित्र, वरुण, शुक्र, विवस्वान पूषा,

पर्जन्य, अशु, भग, त्वष्टा तथा विष्णु ही बारह आदित्य कहलाते हैं। बारह मास में विभक्त वर्ष में ये ही अपने अलग-अलग रूप मे प्रकट होते रहते हैं।

उपरि वक्तव्य देते हुए सूत ने बताया कि हे विप्रगणो ! देवाधिदेव प्रजापालक महादेव काल स्वामी कालेश्वर जो कि सूर्य नारायण हैं, रूप धारण करके काल का विभाजन करते हैं। इन्हीं सूर्य भगवान की अनेक किरणें-सकल जगत को प्रकाशित करती हैं। इसमें सात किरणें प्रमुख मानी जाती हैं-सुषुप्त, हरिकेश, विश्वकर्मा, विश्वश्रवा, संयहसु, अर्वावसु तथा स्वरक, सुषुम्ल, रश्मि, शिशिर ऋतु को प्रकाशित करती हैं। इसकी दिशा तिरछी तथा ऊपर को होती है। हरिकेश नाम की रश्मि नक्षत्रों तारागणों का पालन करती है, विश्वकर्मा बुध को प्रकाशित करती है। विश्वश्रवा रश्मि शुक्र को प्रकाशित करती है संयद्वसु मंगल को प्रकाशित करती है, अर्वावसु बृहस्पति-देवगुरु की तथा स्वरस नाम की रश्मि शनिश्चर को पुष्ट तथा प्रकाशित करती है। इस प्रकार यह स्पष्ट हो गया कि सूर्य के द्वारा ही सभी नक्षत्र और ग्रह प्रकाशित होते हैं।

सूर्य नारायण अपनी रश्मियों के प्रभाव से पृथ्वी का सारा रस खींचकर फिर उसे सहस्त्र गुना बढ़ाकर वर्षा के रूप में पृथ्वी को लौटा देते हैं और उसे रसवती बना देते हैं। शीत, गर्मी तथा वर्षा के कारण भी सूर्य की ये ही प्रकाशमान किरणें होती हैं। इन्हीं देवाधिदेव की कृपा से नदी, सरोवर, बाड़ी, कुल्यादि तथा समुद्र का अस्तित्व है। ये सूर्य नारायण देव ही वसन्त तथा ग्रीष्म ऋतु में क्रुद्ध होकर ताप उत्पन्न करते हैं तथा शिशिर और हेमन्त मे शीतलता प्रदान करते हैं। हिमपात करते हैं। शरद तथा वर्षा ऋतु में पृथ्वी पर जल की वर्षा करते हैं। सूर्य नारायण के रूपों की चर्चा करते हुए श्री सूत ने बताया कि बारह महीनों में बारह मासकर आदित्य रूप निम्न प्रकार है-

मास	**आदित्य रूप**
माघ	वरुण आदित्य
फाल्गुन	पूषा आदित्य
चैत्र	धाता आदित्य
वैशाख	अशु आदित्य
ज्येष्ठ	इन्द्र आदित्य
आषाढ़	विवस्वान आदित्य
श्रावण	पर्जन्य आदित्य
भाद्रपद	त्वष्टा आदित्य

आश्विन	यम आदित्य
कार्त्तिक	भग आदित्य
मार्गशीर्ष	मित्र आदित्य
पौषमास	विष्णु रूप आदित्य

वसन्त ऋतु में सूर्य देव का कपिल वर्णधारी, ग्रीष्म में स्वर्ण वर्णधारी; वर्षा ऋतु में श्वेत वर्णधारी, शरद ऋतु में पाण्डु रूपधारी, हेमन्त ऋतु में ताम्र वर्णधारी तथा शिशिर में लोहित वर्णधारी भगवान भास्कर दिखलाई पड़ते हैं। ये औषधियों में रस का संचार करते हैं, पितरों में स्वधा प्रदान करते हैं, तथा देवताओं को अमृत प्रदान करते हैं। चन्द्र, बुध, शुक्र, मंगल, वृहस्पति, पृथ्वी, शनि, राहु, केतु आदि सभी ग्रह ध्रुव से बंधे हुए सूर्य के चारों ओर ही चक्रण करते रहते हैं। ये सभी सूर्य भगवान से ही प्रकाशमान होकर प्रकाश करते हैं। इस प्रकार भगवान भास्कर की सकल जगत के नियन्ता तथा बनाने वाले, संचालन करने वाले हैं।

लोकों की स्थिति बताते हुए सूत महाराज ने बताया कि हे विप्रों ! ध्रुव लोक से ऊपर महर्लोक की स्थिति है। इस महर्लोक का विस्तार एक करोड़ योजन फैला हुआ है। इसमें कल्पाधिकारी गण व्यक्ति ही वास करते हैं। महर्लोक से दो गुना फैलाव लिये जन लोक है, इसमें सनकादि का वास रहता है। तपलोक जनलोक से तीन गुना अधिक विस्तार वाला लोक है, इसमें वैराज आदि देवगण का वास रहता है। इनका कभी दाह नहीं होता है। सत्यलोक जनलोक से छः गुना अधिक विस्तार वाला लोक है, इसी को ब्रह्मलोक भी कहते हैं।

यहां विश्वात्मा, मोक्षदायी, विश्व रचियता ब्रह्मा के साथ योगी जनों के साथ नित्य-प्रति योगामृत का पान करते हुए निवास करते हैं। यहां अधिकतर शांति के इच्छुक यति, तपसी, नैष्ठिक ब्रह्मचारी; योगी, सिद्ध, माहात्मा और परमेष्ठी, प्राणी रहते है। जो परमपद को प्राप्त करते हैं। उनके लिए यह लोक प्रवेश द्वार है। यहां आया प्राणी शोक-हर्ष से मुक्त, काम, स्वयं विष्णु तथा शंकर का रूप हो जाता है। यह लोक प्रकाश में करोड़ों सूर्यो के प्रकाश के समान होता है। इसके प्रकाशमानता का वर्णन नहीं किया जा सकता है। इस ब्रह्मलोक में श्री विष्णु भी माया सहित सुखपूर्वक विश्राम करते हैं। इस लोक्र में जिस स्थल पर विष्णु निवास करते हैं। वह स्थल ही विष्णु लोक कहलाता है। इस लोक में भगवान विष्णु के प्रति शरणागत भाव से आये

जन ही आते हैं। यहां आकर सांसारिक आवागमन से मुक्ति मिल जाती है। ब्रह्मलोक से ऊपर एक परम ज्योतिवान, एक पवित्र स्थली है, यहां पर भगवती पार्वती के साथ श्री शंकर निवास करते हैं। शिवजी यहां सैकड़ों भक्तों, योगियों, भूतों, रुद्रों तथा गणों के साथ रहते हैं। जो प्राणी महादेव के अनन्य भक्त, सत्यपरायण, शान्त स्थिर चित्त, काम, क्रोध, मद, लोभ से विवर्जित, अहंकार से रहित होते हैं, वे ही इस लोक में वास करने के अधिकारी होते हैं।

पृथ्वी के ऊपर स्थित इन सात लोकों के समान ही नीचे की ओर भी सात लोक होते हैं। इन्हे पाताल कहते हैं। जिनके नाम इस प्रकार है– महातल, रसातल, वितल, तल, तलातल, सुतल, अतल (पाताल)। महातल पाताल में सभी प्रकार के बहुमूल्य रत्न भरे पड़े है। यहां के अनेक महल देवलोक के अनेक देवताओं के निवास की सीमा से भी अधिक सौंदर्य-आभा के होते हैं। इसके अधिपति अत्यन्त धर्माचारी मुचुकन्द हैं। रसातल पर्वतीय क्षेत्र हैं। यहां हिरण्याक्ष, विरोचन आदि असुरों का वास रहता हैं वितल मणि प्रदेश है, तल नाम का पाताल अश्वेतवर्णी है, इसमे वासुकि नाग का वास रहता है।

तलातल भूरे रंग का अत्यन्त रमणीय प्रदेश है, इसमें वैनतेय गरुड़ और कालनेमि आदि लोक प्रसिद्ध असुरगण वास करते है। सुतल पीत-वर्णी प्रदेश है, यहां पूर्व तथा पर देवों का वास होता है। पाताल लोक भी अत्यन्त समृद्ध तथा सम्पन्न है। यहां प्रह्लाद के पुत्र बलि का शासन है। वितल प्रदेश में तारक आदि का वास रहता है। इन सभी पाताल लोकों को सुन्दर, रमणीय, सम्पन्न, समृद्ध और अनुपम गरिमामय बनाने में प्रह्लाद, जम्बक, कम्ब, अपीन्द्र, जम्भ, हयग्रीव, शंकुकर्ण, नमुचि आदि महापराक्रमी दैत्यों, असुरों का अथक योगदान रहा है। इन्हीं पातालों के नीचे कूर्म आदि नरक लोक अवस्थित है। पापी लोग यहां अपने दुष्कर्मों का फल भोगने के लिए जाया करते हैं। यहां उपलब्ध कष्ट अत्यन्त असह्य तथा वेदना भरे होते हैं। इन्हीं पातालों के नीचे शेष अवतार के रूप में भगवान विष्णु विराजमान रहते है। कालाग्नि, रुद्र, नृसिंह, जनार्दन और अनन्त शेषनाग के ही अन्य नाम हैं, ये शेषनाग महाराज ही कालाग्नि का सहारा लेकर अपनी भयानक फूत्कार छोड़ते हुए विषम विष-ज्वाला के द्वारा संसार का संहार करते हैं। इनके इसी कर्म सम्पादन के कारण इन्हें शंकर, प्रलयंकर, शम्भु भी कहा जाता है। इस प्रकार यह वृत सुनाते हुए सूत ने मुनियों को बताया कि अपने सात्विक, राजसिक तथा तामसिक रूप में श्री विष्णु ही सर्वत्र विराजमान हैं। अनेक रूपों में दर्शनीय उन्हीं की माया, उन्ही की सत्ता सर्वत्र दिखलाई पड़ती है। इस प्रकार श्री विष्णु ही जगत के कारण, पालक, संहारक, समूची सृष्टि विष्णु की, विष्णु के द्वारा विष्णु को ही समर्पित होती है।

ब्रह्माण्ड का विवरण सुनाने के पश्चात् सूत ने भूलोक का परिचय देते हुए मुनियों को बताया कि भूलोक में सात द्वीप होते हैं। इनके नाम क्रमशः जम्बूद्वीप, प्लक्षद्वीप, शाल्मलद्वीप, कुशद्वीप, कौंचद्वीप, शाकद्वीप तथा पुष्करद्वीप है। ये सभी महाद्वीप हैं और महा समुद्रों से घिरे हुए हैं। इनके प्रत्येक द्वीप, प्रत्येक सागर उत्तरोत्तर एक से बड़ा, दो गुने विस्तार वाला होता है, अर्थात् जम्बूद्वीप से प्लक्षद्वीप बड़ा है, प्लक्षद्वीप से शाल्मल द्वीप बड़ा है, ये सभी द्वीप सात महासागरों से घिरे हैं। क्षार, इप्सु, सुरा, घृत, दधि, क्षीर तथा स्वादु जल के ये सागर है। इस प्रकार समुद्रों सहित धरती का परिमाण पचास करोड़ योजन है, जम्बूद्वीप सभी द्वीपों के मध्य में बसा हुआ है। इस जम्बूद्वीप के मध्य सोने की आभा वाला मेरु पर्वत स्थित है, इस पर्वत की ऊंचाई चौरासी हजार योजन होती है, एक योजन सामान्य रूप से चार कोस के समान होता है। इस प्रकार कोस में गणना करने पर यह परिणाम तीन लाख छत्तीस हजार कोस का होता है। यह पर्वत छब्बीस हजार योजन नीचे पृथ्वी तल तक गहरा तथा बत्तीस हजार योजन पृथ्वी से ऊपर ऊंचा है और यह विशाल पर्वत पृथ्वी की कर्णिका के रूप में टिका है। इस पर्वत की दक्षिण दिशा में हिमकूट तथा निषध पर्वत है, उत्तर में नील, खेत तथा शृंगी पर्वत श्रेणियां है। जम्बूद्वीप के मध्य में दो पर्वत स्थित है। ये दो लाख योजन फैलाव लिए है तथा दो हजार योजन से भी अधिक के परिणाम में गहराई वाले तथा ऊंचे होते हैं।

जम्बूद्वीप के अन्तगर्त कई खण्ड हैं, प्रत्येक खण्ड वर्ष कहलाता है, जम्बूद्वीप में सर्व प्रथम भारतवर्ष है, इसके बाद किम्पुरुष वर्ष है, मेरु पर्वत के दक्षिण भाग मे हरिवर्ष है। मेरु पर्वत के उत्तर में रम्यक वर्ष है। इसमें उत्तरवर्ती कुरुवंशी भारतीय रहते हैं। इसके मध्य में इलावृत्त वर्ष है तथा इलावृत्त वर्ष के मध्य में ही मेरु पर्वत स्थित है। मेरु के पूर्व में मन्दराचल, दक्षिण के गन्धमादन, पश्चिम मे विपुल तथा उत्तर दिशा में सुपार्श्व पर्वत स्थित हैं। इन पर्वतों के मध्य ही कदम्ब, जम्बु, तथा पिप्पल के वृक्ष स्थित हैं। हे विप्रवरो जम्बु वृक्षों के कारण ही इस द्वीप का नाम जम्बुद्वीप पड़ा है। इस वृक्ष के फल बड़े भारी गजों के समान होते हैं। अर्थात् बहुत बड़े-बड़े जम्बु फल होते है। इन फलों के आकार का अनुमान इसी से लगाया जा सकता है कि जब ये जम्बु फल पककर टूटकर गिरते हैं, तो उनके रस से जम्बु नदी बह निकलती है, इस नदी के ही अमृत समान रस को यहां के निवासी पीते हैं। इसी का फल है कि यहां के प्राणी स्वेद, दुर्गन्ध, बुढ़ापा, इंद्रिय शिथिलता, ताप, क्लेश, पीड़ा से मुक्त रहते हैं। यहां के नदी प्रदेश की मिट्टी भी जम्बुनद के रूप मे स्वर्ण बन जाती है, इसी से अनेक सुन्दर आभूषण आदि बनाए जाते हैं।

इस जम्बुद्वीप में मेरु पर्वत की पूर्व दिशा में भद्राश्व पर्वत तथा पश्चिम दिशा में केतुमाल वर्ष है। इलावृत्त वर्ष दोनों पर्वतों के बीच में अवस्थित है। इसके पूर्व में एक वन है, इसे चैत्ररथ वन कहते हैं, इसके दक्षिण में गन्धमादन पर्वत है। इसकी पश्चिम की ओर वैभान वन तथा उत्तर की ओर सविता नामक वन अवस्थित है। इस वर्ष के चार उत्तम सरोवर भी हैं जो देवताओं द्वारा प्रयोग किए जाते हैं। इन्हें असणोदर, महाभद्र, असितोद तथा अमानस के नाम से पुकारा जाता है इस इलावृत वर्ष में कई सुन्दर तथा उत्तम पर्वत हैं। यहां सिद्ध पुरुष तथा देवता निवास करते हैं, पुराण पुरुष तीर्थ के नाम से जाने वाले ये पर्वत बड़े माहात्म्य वाले हैं। इन्हे नितान्त, कुमुदवान, कुरही, माल्वान, वैकंक, मणिशैल, वृक्षवान, अचलोचग, महानील, रुचक, सविन्दु, मन्दर, वेणु, भान, भेद्य, निषध तथा देव के नाम से पुकारे जाते हैं। असणोदर सरोवर की पूर्व दिशा में केसर, त्रिकुट, सशिर, पतंग, रुचक, निषध, वसुधार कलिंग, त्रिशिख, समूल, वसुवेदी, कुरु, सानुभान, ताम्रात, विशाल, कुमुद, वेणु, एकश्रृंग, महाशैल, गजशैल, पिजंक, पंजशैल कैलाश तथा हिमवान आदि अनेक मनोहारी विशाल पर्वत अवस्थित हैं। केसर, शिखिवास्प, वैदुर्य, कपिल, गन्धमादन, जारुधि, सुराम्बु, पर्वत श्रेष्ठ, सर्वगन्धा, सुपार्षु, सुपक्ष, कंक, विरज, भद्रजाल, सुसक, महाबल, चित्रश्रृंग, पाण्डुरकृष्ण, आदि उत्तम पर्वत महाभद्र सरोवर के दक्षिण में स्थित है। शेखर, शेखकुट, वृषभ, हंसनाग, कालांगन, शुक्र, नील, कमल, पारिजात, कनन, पुष्पक, वाराह, मयूर आदि पर्वत असित सरोवर के पश्चिम में स्थित हैं इन पर्वतों पर यक्ष, गन्धर्व और किन्नर, देव, समूह और सिद्ध योगी वास करते हैं।

केशव पर्वत मानसरोवर के उत्तर में स्थित हैं। इन प्रमुख पर्वतों के मध्य में अनेक कल-कल निनादिनी पुण्य सलिला नदियां पावन जल के सरोवर सुन्दर रमणीय वन स्थित हैं। यहां तत्त्वज्ञानी सुख-दुख से परे, राग-द्वेष से मुक्त, शान्ति के अभिलाषा, सिद्ध, महात्मा तपस्वी, वास करते हैं। देवों के देवता परमेष्ठी ब्रह्मा की महापुरी नाम की नगरी मेरु पर्वत के ऊपर स्थित है और इसका विस्तार चौदह हजार योजन का है। इस नगरी में विश्वात्मा, योगीन्द्र, मुनीन्द्र, विष्णु और शंकर द्वारा पूजित और उपासित भगवान ब्रह्म नारायण निवास करते हैं।

यहीं भगवान सनत्कुमार परमेष्ठी ब्रह्म की नित्य उपासना में लीन रहते हैं। ब्रह्मा प्रसाद के रूप में अमृत को पाकर ऋषि, गन्धर्व, सिद्ध और महात्मा एक ही अवस्था में रहते हुए दुख, रोग, ताप, क्लेश आदि से पूरी तरह मुक्त रहते हैं। इसी स्थल पर ब्रह्मा के पास ही परम तेजवान भगवान महादेव शंकर का निवास-स्थान है और उनके निवास के देवकान्ति वाले चार द्वार शोभायमान है।

ब्रह्मज्ञान के अभिलाषी और तत्त्ववेत्ता महर्षि यहां तपलीन रहते हैं। यहीं मस्तक पर चन्द्रमा धारण करने वाले त्रिनेत्रधारी भगवान शंकर जगत-जननी पार्वती के साथ नित्य रमण करते हैं और वेदज्ञानी सत्यभाषी ब्रह्मचर्य पालक तथा तापस वृत्तिधारी सिद्ध महात्मा अपनी तप-साधना द्वारा शिव पार्वती को प्रसन्न करने में लीन रहते हैं। प्रत्यक्ष रूप में उपस्थित भगवान शंकर यहां सिद्ध मुनियों का साक्षात् प्राप्य हैं।

अमरावती नाम की प्रसिद्ध रमणीय इन्द्रपुरी भी इसी मेरु पर्वत की पूर्व दिशा में स्थित है। इस नगरी में अनेक अप्सरायें, गन्धर्व, सिद्ध मुनि और हजारों देवता नित्यप्रति इन्द्र की उपासना में लीन रहते हैं। जो मनुष्य यज्ञ में लीन धर्माचरण करने वाले और वेदाध्यायी होते हैं। उन्हें यह पुण्य स्थान-वास करने का अवसर मिलता है। इस पर्वत पर ही एक अन्य तेजयुक्त महापुरी संयमनी अवस्थित है। जिसमें साक्षात अग्निदेव, विवस्वान अपने अखण्ड तेज के साथ उपस्थित रहते हैं। जो देवगण और मनुष्य निरन्तर उनका पूजन-स्तवन करते हैं, वे सत्य प्रतिज्ञ ही इस पुरी में वास करने का सौभाग्य पाते हैं।

राक्षसों के अधिपति निऋति देव की नगरी रक्षोवती संयमनीपुरी के पश्चिम में स्थित है। तामसः वृत्ति के धर्माचारी लोग इसके वासी होते हैं। रक्षोवती के पश्चिम में ऋद्धि-सिद्धि प्रदान करने वाली वरुण देव की नगरी शुद्धवती स्थित है। जहां अप्सराओं, सिद्ध पुरुषों और गन्धर्वो से पूजित वरुण देव निवास करते हैं। जो जन जल का दान करते हैं वे ही इस लोक मे पधारते हैं। सिद्धों, गन्धर्वों और अप्सराओं से ही सेवित और प्राणयाम, परायण, सिद्ध, ब्राह्मण, महात्माओं के शाश्वत वास की पवन देव की नगरी गन्धवती, शुद्धवती के उत्तर में स्थापित हैं।

सोमदेव की नगरी कान्तिवती, गन्धवती के पूर्व में स्थित है। जो प्राणी अपने धर्म पर अटल रहने वाले होते हैं, वे ही यहां अनेक प्रकार के सुख भोगने का अवसर पाते हैं। महादेव शंकर की नगरी यशोमती, जहां स्वयं अपने गणों से घिरे रुद्रनारायण ईशान भवन में विराजमान रहते हैं, भी गन्धवती के पूर्व में ही स्थित है। योग इच्छा के भक्त अपनी कामनाओं की पूर्ति के लिए इसी नगरी में आते हैं।

भगवान विष्णु के चरण नख से निकली और समस्त चन्द्रमण्डल को जल प्लावित करती हुई तथा ब्रह्म नगरी की परिक्रमा करती हुई पुण्य सलिला गंगा इसी यशोमती नगरी में गिरती है। यहां गिरकर यह गंगा चार धाराओं में

विभक्त हो जाती है। पूर्व दिशा में सीता, एक पर्वत से दूसरे पर्वत को होती हुई अन्तरिक्ष में गमन कर जाती है। अलकनन्दा दक्षिण की ओर बढ़ती हुई सात धाराओं में बंटकर समुद्र में प्रवेश कर जाती है। भद्रा पूर्व की ओर जाती हुई समुद्र में समाहित होती है और सुचक्षु कुरु प्रदेश को पार करती हुई उत्तरीय सागर में समा जाती है। मेरा पर्वत कमल की कर्णिका के समान भारत, केतुमाल, भद्राश्व और कुर आदि वर्ष कमल के पत्ते के समान तथा देवकूट, गन्धमादन तथा कैलाश, कमल की डंडी के समान स्थित दिखलाई पड़ते हैं।

केतुमाल वर्ष में पुरुष श्याम वर्णी होते हैं, तथा सुन्दरता में कमल के दल के समान दिखलाई पड़ते हैं, क्षीर का भोजन करते हैं और लाखों वर्ष तक जीवन जीते हैं। भद्राश्व वर्ष में पुरुष शुक्लवर्णी तथा चन्द्र किरण की आभा वाले होते हैं, ये लोग अन्न को भोजन के रूप में ग्रहण करते हैं, तथा दस हजार वर्ष तक जीते हैं। रम्यक वर्ष में पुरुष तथा स्त्रियां दोनों ही चांदी के समान सुन्दर वर्ण वाले तथा श्वेत आभा वाले होते हैं। यहां के निवासी सात्विक वृत्ति के होते हैं तथा फल खाते हैं।

इनकी आयु भी दस-बारह हजार वर्ष होती है। हिरण्यमय वर्ष के प्राणी सुनहरी आभा वाले श्रीफल का भोग लगाने वाले, आयु में बारह-तेरह हजार वर्ष वाले होते हैं। ये यहां रहते हुए भी देवलोक जैसे आनन्द का अनुभव करते हैं। कुरु वर्ष के निवासी श्याम अंग वाले, क्षीर भोजन करने वाले, सुखी जीवन जीने वाले, तेरह-चौदह हजार वर्ष की आयु वाले होते हैं। ये शिव की उपासना करते हैं।

किम्पुरुष वर्ण के प्राणी भी स्वर्ण आभा वाले, प्लक्ष का भोग करने वाले, दस हजार वर्ष तक जीने वाले तथा चतुरानन ब्रह्मा के उपासक होते हैं। हरि वर्ष में निवास करने वाले जीव रजत आभायुक्त होते हैं, ये इक्षु रस का पान करते हैं, दस हजार वर्ष की आयु वाले तथा सनातन परमेश्वर विष्णु की उपासना करने वाले होते हैं। इलावृत्त वर्ष के निवासी कमल की आभा से परिपूर्ण, मनोहारी और मोहक कान्ति वाले होते हैं ये जम्बू रस का पान करते हैं, तथा जम्बू फल का भोग लगाते हैं, इनकी आयु सीमा तेरह हजार वर्ष होती है। भारत वर्ष के पुरुषों तथा स्त्रियों में वर्ण के स्तर पर अनेकरूपता होती है, कर्म-पूजा मे भी इनमें विविधता मिलती है, इनकी आयु सौ वर्ष होती है।

सूतजी ने भारत वर्ष का विस्तार बताते हुए कहा कि यह वर्ष नौ हजार योजन (बासठ हजार मील) विस्तार का वर्ष है। यह अधिकारी पुरुष की कर्म

भूमि है। यहां महेन्द्र, मलय, सह्य, शक्तिमान, ऋक्ष, विन्ध्याचल तथा परियात्र पर्वत है और इसमें आठ द्वीप अवस्थित हैं, इन्हें इन्द्र, कसेरुक्मान, तामपर्ण, गमस्तिमान, नाग, सौम्य, गन्धर्व तथा वरुण के नाम से जाना जाता है।

एक द्वीप समुद्र के भीतर अवस्थित है। इस प्रकार कुल नौ द्वीप भारत में हैं। भारत वर्ष के पूर्व में किरात, पश्चिम में यवन, मध्य में ब्राह्मण, क्षत्रिय, वैश्य, शूद्र आदि जातियों का निवास रहता है। इनका कार्य क्रमशः पूजा करना, रक्षा करना, व्यापार करना तथा सेवा करना रहता है। इसमें सतलुज, चिनाब, झेलम, रावी, व्यास, यमुना, सरयू, गोमती, घाघरा, वेत्रवती, विदिशा, नर्मदा, मन्दाकिनी, गंगा, कृष्णा, कावेरी, गोदावरी, ताम्रपर्णी आदि नदियां बहती हैं।

ये अपनी पवित्रता में प्रसिद्ध हैं, यहां अनुष्ठान करने से भक्त पाप-मुक्त होकर निष्कलुष हो जाते हैं। कलिंग, मगध, सौराष्ट्र, सौवीर, पारसीक, भालक आदि जातियां इन नदियों के किनारे बसी हुई हैं। यहां सतयुग, त्रेता, द्वापर तथा कलियुग में सम्पूर्ण काल विभक्त होता है।

भारत वर्ष अन्य आठ वर्षों के नागरिक सभी प्रकार की बाधाओं - रोग-शोक, क्षुधा, तृष्णा, क्लेश, भय आदि से मुक्त रहते हुए सब प्रकार से सन्तुष्ट तथा सुखी जीवन व्यतीत करते हैं। ये सभी स्थिर यौवन वाले, शान्त मन तथा आह्लादपूर्ण चित्त वाले होते हैं और भगवान की कृपा से परिपूर्ण एवं मुक्तिपायी होते हैं।

पूर्वोक्त विवरण देने के पश्चात् मुनिश्रेष्ठ सूत महाराज ने आश्रम में पधारे ऋषि, मुनि तथा महात्माओं की जिज्ञासा देखते हुए जम्बूद्वीप का वर्णन विस्तार से कह सुनाया। इसके अनुसार हिमकूट पर्वत की चोटी पर एक सुन्दर शोभायमान महाकूट है। इस पर परम ब्रह्मदेवाधिदेव ब्रह्मा का मणि के समान धवल विमान है। यहीं देवताओं के शिरोमणि के साथ अन्य सिद्ध लोग भी भगवान शंकर की पूजा-स्तुति करते हैं। भगवती मां-पार्वती के साथ त्रिनेत्रधारी महादेव भी अपने भक्तों के साथ यहां वास करते हैं। इसी कैलाश पर्वत के शिखर पर भगवान महादेव का भव्य निवास-स्थल है। स्वच्छ, पवित्र जल वाली गंगा भी यहां से निकलती है। यह पवित्र गंगा कई प्रकार के कमलों से शोभायमान है। देव, दानव, गन्धर्व, यक्ष, राक्षस तथा किन्नर सभी लोग इस नदी में स्नान करने के पश्चात् गौरव का अनुभव करते हैं। गंगा के अतिरिक्त अनेक अन्य नदियां भी यहां पर अवस्थित हैं।

इन पुण्य नदियों के किनारे ब्रह्मा और विष्णु के अवस्थित रहने के कारण देवता लोग उनका पूजन-अर्चन करते हैं। कैलाश पर्वत के शिखर पर

एक शुभ वन है जिसका नाम पारिजात है। यहां पर इन्द्र का रत्नों से सज्जित भवन है। इसके समीप ही रत्नों-मणियों, स्वर्ण और स्तम्भों से शोभित, देवों के देव श्री विष्णु का सुन्दर भवन है। जहां वे भगवती लक्ष्मी के साथ शोभायमान होते हैं।

वसुधार नाम के शिखर पर भी पवित्र एवं सुन्दर स्थान है। रत्नधार शिखर पर सप्तर्षियों के सात आश्रम हैं, जो अत्यन्त सुन्दर एवं मन को मोहने वाले हैं। बहुत से सिद्ध पुरुषों के निवास स्थल भी यहां पर बने हुए हैं। श्री ब्रह्मा का निवास-स्थल भी यहीं है। जो नील मणियों से शोभित है, इसके चार सोने के द्वार हैं। विप्र, महर्षि, देवर्षि, तथा सिद्ध पुरुष ही ब्रह्मा का नित्य पूजन किया करते हैं। मन को मोहने वाले इस स्थान पर ब्रह्मा, देवी ब्रह्माणी के साथ यहां नित-प्रति विहार किया करते हैं।

इसी पर्वत के एक शिखर पर सुन्दर, स्वच्छ अमृत से भी उत्तम एवं पवित्र जल वाला सरोवर है। इस सरोवर के किनारे ही जैगीषण्य मुनि का आश्रम है। मुनि अनेक ब्रह्मज्ञानी, वेदज्ञानी, सिद्ध, महात्मा शिष्यों के साथ यहां निवास करते हैं। इनमें कृष्ण, मनोहर, शंख तथा कौशिक मुख्य हैं। भगवान शंकर एवं पार्वती की इन पर विशेष कृपा है इसलिए अक्सर वे इन्हें अपनी समीपता का अहसास कराते रहते हैं। उस पर्वत पर अनेक सुन्दर आश्रम, पवित्र जल वाली नदियां, स्वच्छ सरोवर हैं। आश्रमों में सिद्ध, मुनि, महात्मा लोग अपनी योग-साधना में लीन रहते हुए, श्री विष्णु के ध्यान में रत सुख की कल्पना करते हैं। इसी पर्वत के गजशैल नाम के शिखर पर मणियों के मुख्य द्वार वाला भगवती जगदम्बा दुर्गा का भवन है जहां वे निवास करती हैं। भक्त लोग यहां उनकी बहु-विधि उपासना करते हैं।

सुनील पर्वत के अनेक धातुओं वाले शिखर पर राक्षसों के बहुत से नगर सरोवर और सुन्दर वन-उपवन हैं। शतश्रृंग नाम के पर्वत पर यक्षों के मणियों से शोभित सुन्दर नगर हैं। श्वेतोद नाम के पर्वत शिखर पर मणियों से बने मुख्य द्वार और दीवारों वाला गरुड़ का निवास-स्थल है। भगवान विष्णु के दूसरे स्वरूप गुरुड़ भगवान यहां ध्यानमग्न रहते हैं। श्रीश्रृंग नाम के शिखर पर रत्नों से शोभायमान, मणियों के मुख्य द्वार वाला, सुन्दर एवं मनोहर विष्णु की शक्ति श्री लक्ष्मी का निवास-स्थान है। देव, गंधर्व, सिद्ध तथा चारण यहां आकर नित्य-प्रति लक्ष्मी का पूजन करते हैं। महान शक्ति की अधिष्ठात्री देवी लक्ष्मी की महिमा का वर्णन करना कठिन कार्य है। इसी पर्वत के शिखर पर चारों ओर से सुन्दर सरोवर और कमलों से घिरा हुआ श्री विष्णु का विशाल भवन है। इस पर्वत के हजारों शिखरों पर आठ नगर भी अवस्थित हैं। ये नगर

सुन्दर सरोवर, कमल और नदियों से शोभायमान हैं। इसी में कर्णिकार नाम का दिव्य वन है जहां पर भगवान शंकर का निवास है।

पारिजात नाम के शिखर पर श्री लक्ष्मी का सुन्दर नगर है जो सुन्दर भवनों तथा घंटा, चामर आदि से शोभायमान है। यहां पर अप्सराएं नृत्य करती हैं और गंधर्व, किन्नर तथा सिद्ध गणेश्वरों का निवास रहता है। महादेवी लक्ष्मी का यहां सदैव निवास रहता है। मुनियों, सिद्धों को यहां लक्ष्मी का दर्शन सुलभ होता है। पारिजात शिखर पर सरस्वती नदी के उत्तरी भाग में एक उत्तम नगर है। इस सरोवर में देवों के द्वारा भोगे जाने वाले योग्य और सिद्ध नित्य स्नान करते हैं। इन्हीं के समीप पाण्डुगिरि के शिखर पर गंधर्वों के सैकड़ों नगर हैं। जो दुखों के समूह से घिरे रहते हैं। इन नगरों के पुरुष सुन्दर स्त्रियों के साथ भोगविलास और रतिक्रीड़ा में रत रहते हैं। रति की इच्छुक अप्सराएं रम्भा आदि अंजनगिरि के शिखर पर स्थित नारीपुर नाम के नगर में निवास करती हैं। रतियाचना करने के लिए चित्रसेनादि गंधर्व यहां आते हैं।

कौमुद शिखर के सुन्दर नगर में भगवान शिव के रजोगुण से रहित, शान्त चित्त वाले, ईश्वर में विश्वास रखने वाले गण वास करते हैं। पिंजरगिरि के शिखर पर गणेशों के तीन नगर हैं। जारुधि पर्वत के शिखर पर भगवान सूर्य का पुण्य और तेज से युक्त भवन विद्यमान है। उसके उत्तर की ओर शान्त, निर्मल किरणों वाले भगवान चन्द्र का निवास है। हंस पर्वत पर स्थित एक भवन का विस्तार एक हजार योजन है। इस भवन में विश्वात्मा ब्रह्मा सावित्री के साथ रहते हैं। इस नगर के दक्षिण में सिद्ध नगरी है जहां पर श्रेष्ठ मुनि लोग वास करते हैं। पंचशैल पर्वत के शिखर पर दानवों के तीन नगर हैं। नदियों से घिरे सुगन्ध शैल के शिखर पर कर्दम मुनि अपने आश्रम में ध्यान में लीन रहते हैं। ब्रह्मवेत्ता भगवान सनत्कुमार का निवास मुनि के आश्रम के पूर्व की ओर थोड़ा दक्षिण में है। सभी सर्वत स्वच्छ जल वाले सरोवर देवी के सुन्दर निवास स्थान, मुनियों के आश्रम से शोभित हैं।

पर्वतों का वर्णन विस्तार से करने के पश्चात् सूत ने कहा कि हे मनीषी विप्रो! जम्बुद्वीप से दुगुना और चारों ओर से क्षीर सागर से घिरा हुआ प्लक्ष द्वीप है। गोमेद, चन्द्र, नारद, दुन्दुभि, मणिमान, मेघ-निस्वन तथा वैभ्राज नाम के सात वर्ष और सात पर्वत इस द्वीप में हैं। ब्रह्मा का प्रिय पर्वत वैभ्राज है। देवर्षि और गन्धर्वों के साथ उनका यहां नित्य ही निवास रहता है। इसी पर्वत पर ब्रह्मदेव की पूजा-उपासना की जाती है। इन पर्वतों के प्रान्तरों में रहने वाले लोग सभी प्रकार के रोग, व्याधि, पाप आदि से दूर रहते हैं। इन सात पर्वतों से निम्न सात नदियां निकलती हैं।

अनुतप्ता, शिखा, विपाशा, त्रिनिवा, कृता, अमृता तथा सुकृता। इनके अतिरिक्त कई अन्य नदियां तथा सरोवर भी हैं। प्लक्ष द्वीप के सात वर्षो मे निवास करने वाले लोग चिरायु रहते हैं। यहां पर ब्राह्मण, क्षत्रिय, वैश्य, तथा शूद्र को क्रमशः आर्यक, कुरुर, विद्रोह तथा अभावी नाम से जाना जाता है। सभी वर्ण के लोग यजन विधि से भगवान श्री विष्णु की पूजा, आराधना करते हैं। यहां के लोगों का धर्म में अटूट विश्वास है, वे निरोगी रहने के कारण सदा खुश रहते हुए पांच हजार वर्ष की आयु को प्राप्त करते हैं।

शाल्मली द्वीप, प्लक्ष द्वीप के परिमाण से दुगुना है और इक्षुरस के सागर से धिरा हुआ है। कुमुद, आनन्द, बलाहक, द्रोण, कंस, महिष तथा ककुद्यान नाम के ये सात पर्वत हैं। सात ही नदियां हैं जो इस प्रकार हैं–योनी, तोया, वितृष्णा, चन्द्रा, शुक्ला, विमोचिनी तथा निवृत्ति। लोभ और क्रोध के भावों से यहां के लोग बहुत दूर हैं। स्वस्थ रहते हुए जीवन-यापन करते हैं। यहां के लोग वायुदेव की पूजा करते हैं। ब्राह्मण, क्षत्रिय, वैश्य और शूद्र क्रमशः कपिल, अरुण, पीत, तथा कृष्ण नाम से जाने जाते हैं, क्योंकि ये दोनों नाम रूप-रंग के आधार पर ही निर्धारित किए गए हैं – ब्राह्मण स्वच्छ सुन्दर, क्षत्रिय तेजवान और सूर्य की आभा लिये हुए, वैश्य पीले रंग के तथा शूद्र काले रंग के होते हैं। शाल्मली द्वीप से दुगुने विस्तार का तथा चारों ओर से सुरा सागर से घिरा हुआ कुश द्वीप है। इसमें सात वर्ष, सात कुल पर्वत तथा सात नदियां हैं। विद्रुम, होम, द्युतिमान, पुष्पवान, कुरोशय, हरि तथा कन्दर नाम के सात पर्वत हैं। धुतपापा, शिवा, पवित्रा, सम्मिता, विद्युत, प्रभा तथा रामा ये सात नदियां हैं। इन नदियों के साथ-साथ स्वच्छ, पवित्र जल वाली अन्य कई नदियां हैं। ब्राह्मण, क्षत्रिय, वैश्य तथा शूद्रों को यहां पर क्रमशः द्रविण, शुष्मिण, तोमास्तु, तथा मन्देह नाम से जाना जाता है। यहां के लोग ज्ञानी, कोमल भाव रखने वाले, तथा नियमित रूप से सभी कार्यो को करने वाले हैं। ये लोग नाना विधि यज्ञ आदि करके ब्रह्माजी का यजन किया करते हैं।

कुशद्वीप से दुगुने आकार वाला तथा चारों तरफ से धृत सागर से घिरा क्रौंच द्वीप है। सात वर्ष, सात पर्वत और सात नदियों वाले इस द्वीप में पर्वत के नाम हैं – क्रौंच, वामनक, आधिकारिक, देवाब्द, विवेद, पुण्डरीक, तथा दुन्दुभि। सात नदियां इस प्रकार हैं – गौरी, कुमुद्वती, सन्ध्या, रात्रि, मनोजवा, कोमि, तथा पुण्डरीकाक्षा। ब्राह्मण, क्षत्रिय, वैश्य तथा शूद्रों को यहां पर क्रमशः पुष्कल, पुष्कर, धन्य और तिष्य कहा जाता है। ये लोग यज्ञ, दान, शम, होम, व्रत, उपवास, पितर लोगों का तर्पण तथा देवों के देव भगवान

शंकर का भजन-पूजन करते हैं और जीवन के सभी सुखों को उपभोग करते हुए मोक्ष को प्राप्त करते हैं।

सात वर्ष, सात कुल पर्वत और सात नदियों वाला शाक द्वीप क्रौंच द्वीप से दुगुने आकार का तथा दधि सागर से घिरा हुआ है। सात पर्वत इस प्रकार हैं – उदय, रैवत, श्याम, काष्ठगिरि, अम्बिकेय, रम्य तथा केसरी। सुकुमारी, कुमारी, नलिनी, वेणुका, इक्षुका, धेनुका, तथा गमस्ति नाम की ये सात नदियां हैं। इन नदियों का जल पीने के कारण यहां के लोग रोग-शोक, राग-द्वेष, दुःख-ताप, तथा भय-आतंक से सदैव मुक्त रहते हैं। यहां ब्राह्मण, क्षत्रिय, वैश्य और शूद्र को क्रमशः भृग, मगध, मानस और मन्दग नामों से जाना जाता है। ये लोग व्रत, उपवास, होम, आदि के द्वारा भुवन भास्कर भगवान सूर्य देव का पूजन-आराधन करके उनके आशीर्वाद से अपने दोनों लोकों को सुखी बनाते हैं।

शाकद्वीप से दुगुने आकार का तथा क्षीर सागर के बीच में श्वेत द्वीप है। यहां पुण्य आत्माओं, विष्णु के भक्त, ऊंचे वर्ण के लोगों का वास है। रोग, शोक, बुढ़ापा, मृत्यु, भय, क्रोध, लोभ, माया आदि व्याधियों से रहित यहां के लोग स्वस्थ, सुन्दर, चिन्तारहित, जीवनयापन करते हुए आनन्द भोग करते हैं। ये लोग ध्यान, तप के द्वारा भी विष्णु का पूजन, आराधन, करते हैं। इनके स्तुति, वन्दन आदि से प्रसन्न होकर श्री विष्णु भगवान इन्हें साक्षात् दर्शन देते हैं। इस द्वीप में अनेक महलों से घिरा हुआ भगवान नारायण का निवास स्थल है। जिसे नारायणपुर नाम से जाना जाता है।

श्री नारायण के गण जो शंख, चक्र, पद्म, गदाधारी हैं, पीले वस्त्र धारण करते हैं, जिनके वक्षस्थल पर श्री वत्स के चिह्न हैं तथा जो गरुड़ की सवारी करते हैं, इसी नारायणपुर के सुन्दर महलों में निवास करते हैं। नारायणपुर में अत्यन्त रमणीय नन्दनवन, सरोवर इत्यादि हैं। अप्सराएं यहां नृत्य करती हैं। इन्हीं महलों के बीच में ऊंचे-ऊंचे दरवाजों वाला, मन को मोह लेने वाला, तथा सुन्दरतम भगवान विष्णु का निवास है। जहां जगदाधर भगवान श्री विष्णु शेषशय्या पर सारी चिंताओं से मुक्त होकर निद्रा में लीन हो जाते हैं।

श्री लक्ष्मी यहां विष्णु के चरणों को स्वयं अपने हाथों से दबाकर उन्हें सुख प्रदान करती हैं। श्री नारायण भगवान ही जगत के रचने वाले, रक्षा करने वाले तथा संहार करने वाले हैं। जगत की उत्पत्ति भी इन्हीं से होती है और विलीन भी इन्हीं में हो जाती है। ये श्री नारायण ही जगत की परम गति है। लोक का कल्याण करने वाले भी यही हैं।

पुष्कर द्वीप और सागर से घिरा हुआ तथा श्वेत द्वीप से दुगुने आकार का है। इस द्वीप में हजार योजन ऊंचा तथा पचास योजन चौड़ा मानसोत्तर नाम

का एक ही पर्वत है। यह लम्बाई में भी पचास योजन है। इस पर्वत के कारण इस द्वीप के दो भाग बन जाते हैं। जो जनपद हैं। मानस पर्वत के दो खण्ड हैं। महावीत तथा धातकी। स्वादु जल के सागर से घिरे इस द्वीप में एक बड़ का वृक्ष है। इस वृक्ष पर विश्वात्मा श्री ब्रह्मा का निवास है। देवों, गन्धर्वों, किन्नरों, यक्षों, योगियों, ब्रह्मवादी ऋषियों के द्वारा पूजे जाने वाले श्री भगवान शिवजी का भी निवास यहीं है। इस द्वीप में रहने वाले सभी लोग रोग व्याधियों से दूर तथा उत्तम, अधम, मध्यम आदि भावों से रहित हैं। सभी लोग भाईचारे से रहते हैं। वर्णाश्रम व्यवस्था यहां नहीं है।

पुष्कर से थोड़ी दूर पर स्वादु जल का सागर है, उससे दूर एक समतल तथा स्वर्ण वाली भूमि दिखलाई पड़ती है। इसके थोड़ी ही दूर पर स्थित है मर्यादा भानुमण्डल नाम का पर्वत। जिसे लोका लोक, तथा प्रकाशा प्रकाश नाम से भी पुकारा जाता है। इस पर्वत की ऊंचाई दस हजार योजन है और इसका विस्तार भी इतना ही है। इस पर्वत ने मानसोत्तर पर्वत को घेर रखा है।

अण्डकटाह के चारों ओर अंधेरा है। इस अंधेरे में महालोक हैं जिन्हें पाताल लोक के नाम से जाना जाता है। धरती, आकाश, समुद्र और दिशाओं के समान यहां भी श्री नारायण का निवास है। श्री नारायण देव ही अलग-अलग रूप धारण करके सभी स्थानों पर विराजमान रहते हैं तथा अपनी कलाओं के द्वारा लोकों को आश्चर्य चकित करते हैं। वे ही ब्रह्मा के रूप में अण्ड से उत्पन्न होकर इस ब्रह्माण्ड की सृष्टि भी करते हैं।

इसके पश्चात् ऋषियों ने सूत से मन्वन्तर, वेदों की शाखाओं को विभक्त करने वाले तथा व्यास के शिष्यों के बारे में जानने की उत्सुकता प्रकट की। इस उत्सुकता का निराकरण करते हुए सूत ने बताया कि महर्षियों! सबसे पहले स्वायम्भुव मनु उत्पन्न हुए। इसके पश्चात स्वारोचिष, उत्तम, तामस, रैवत व चाक्षुष मनु हुए। ये छः मनु बीत चुके हैं। इस समय सूर्य पुत्र वैवस्वत नाम का सातवां मन्वन्तर चल रहा है।

दूसरे स्वारोचिष मन्वन्तर में विपशिचत नामक असुरों का मर्दन करने वाले इन्द्र हुए। इस मन्वन्तर में सात ऋषि हुए–उर्ज, स्तम्भ, प्राण, दान्त, ऋषभ, तिमिर तथा अर्वरीवान।

तीसरे उत्तम मन्वन्तर के मनु का नाम उत्तम तथा इन्द्र का नाम सुशान्ति था। इस मन्वन्तर में पांच गण–सुधामान, सत्य, शिव, प्रतर्दन तथा वशवर्ती हुए और सात ऋषि हुए–रजगात्र, ऊर्ध्वबाहु, सवन, अनध, सुतपा तथा शक्र।

चतुर्थ तामस मन्वन्तर के मनु का नाम तामस और इन्द्र का नाम शिवि था। इस मन्वन्तर में शतयज्ञों के द्वारों इंद्र पद को प्राप्त करने की अधिक

मान्यता थी। इसमें देव, सत्य तथा सुधि आदि सत्ताइस गण हुए। इनमें सात ऋषि ये थे–ज्योति, धाग, पृथक, कल्प, चैत्र, अग्निवसन तथा पीवर।

पंचम रैवत मन्वन्तर के मनु रैवत तथा इन्द्र विभु थे। इस मन्वन्तर के सप्तर्षियों के नाम ये थे–हिरण्यरोमा, वेद श्री, ऊर्ध्वबाहु, वेदबाहु, सुबाहु, पर्जन्य तथा महामुनि।

इस मन्वन्तर में अधिक ऐश्वर्य वाले चौदह-चौदह देवता हुए।

छठे चाक्षुष मन्वन्तर में चाक्षुष मनु थे, मनोज व इन्द्र, आद्य, प्रभूत-भाव्य, प्रथन, दिवोंकस तथा लेख्य-ये पांच देवता थे। विरज, हविष्मान, सोम, मनुसम, स्मृत, अविनामा तथा विष्णु नाम वाले सात ऋषि थे।

विवस्वान का पुत्र था श्राद्धदेव। इस समय यही वैवस्वत मन्वन्तर चल रहा है। इस मन्वन्तर के देवता हैं–आदित्य, वसु, रुद्र तथा मरुदगण। इसके इन्द्र का नाम पुरंदर है। वसिष्ठ, कश्यप, अत्रि, जमदग्नि, गौतम, विश्वामित्र तथा भारद्वाज–ये सात ऋषि हैं। इस मन्वन्तर में भगवान विष्णु की शक्ति ही सबमें स्थित है, इसीलिए सभी देवता राजा हैं।

स्वायम्भुव मन्वन्तर में भगवान प्रकृति में मानुष पुत्र के रूप में उत्पन्न हुए। स्वारोचित मन्वन्तर में रुचि प्रजापति के अंश से तुषित रूप में आए, उत्तम मन्वन्तर में सत्यी में से सत्यरूप में भगवान जनार्दन ही उत्पन्न हुए, तामस मन्वन्तर में हर्या के उदर से हरि रूप में श्री नारायण ने जन्म लिया।

रैवत मन्वन्तर में मनः संकल्प से ही महाद्युति श्री नारायण के रूप में उत्पन्न हुए, चाक्षुष मन्वन्तर में विकण्ठा के यहां बैकुण्ठ रूप में आए, वैवस्वत मन्वन्तर में श्री विष्णु अदिति के गर्भ से वामन रूप में उत्पन्न हुए और तीन पगों में सारी धरती को नाप दिया और इंद्र को राज्य दे दिया। इस प्रकार सातों मन्वंतरों में, सात रूपों में श्री विष्णु ने ही जन्म लिया। विष्णु ही भिन्न-भिन्न रूप धारण करके भिन्न-भिन्न कार्य करते हैं।

अपने अलग-अलग रूप में ही वे सृष्टि की उत्पत्ति, पालन और संहार करते हैं। सभी भूतों में अंतरात्मा रूप में निवास करने के कारण ही इन्हें भगवान कहा जाता है। सगुण-निर्गुण, ज्ञानरूप, शिव एवं अमल भगवान के एक ही रूप के चार नाम हैं–वासुदेव, काल, शिव तथा ब्रह्मा चारों रूपों में एकमात्र श्री विष्णु की ही सत्ता विद्यमान है, इस बात को समझने वाला जीव ही सारे बन्धनों से मुक्त हो सकता है। भगवान वासुदेव के अंश से उत्पन्न अवतार रूप में स्वयं श्री विष्णु, प्रद्युम्न तथा कृष्ण द्वैपायन व्यास की गणना की जाती है।

श्री नारायण ने अपनी इच्छानुसार ही वेद व्यास के रूप में अवतार लिया।

श्री नारायण और श्री व्यास को एक ही मानना चाहिए। इस सत्य को जानने वाले जीव भ्रम और मोह माया से मुक्त हो जाते हैं। आगे बताते हुए सूत ने कहा कि इस समय जो मन्वन्तर चल रहा है इसमें प्रथम द्वापर में मनु ने व्यास के रूप में अवतार लिया। ब्रह्मा के आदेश को शिरोधार्य करके ही व्यास ने वेदों का विभाजन किया। द्वितीय द्वापर में व्यास प्रजापति, तृतीय में शुक्राचार्य, चतुर्थ में बृहस्पति, पंचम में सविता, षष्ठी में मृत्यु, सप्तम में इंद्र, अष्टम में व्यास, नवम में सारस्वत, दशम में त्रिधामा, एकादश में ऋषभ, द्वादश में सुतेजा, त्रयोदश में धर्म, चतुर्दश में सुचक्षु, पंचदश में त्रय्यारुणि, षोड्ष में धनंजय, सप्तदश में कृतंजय; तथा अष्टादश में ऋतंजय के रूप में अवतरित हुए।

इसके पश्चात व्यास ने क्रमश: भरद्वाज, गौतम, वाचश्रवा, नारायण, तृणबिंदु, बाल्मीकि, जातूकर्ण तथा पराशर के पुत्र कृष्ण द्वैपायन व्यास के रूप में अवतार लिया। ये ही व्यास सभी वेदों और पुराणों के पथ के प्रदर्शक हैं। वेदों का विस्तार करने के कारण ही इनका नाम वेदव्यास पड़ा।

सूत ने ऋषियों को बताया कि वेदव्यास के चार महर्षि शिष्य थे–जैमिनी, सुमन्तु, वैशम्पायन और पैल। पांचवां शिष्य उन्होंने मुझे बनाया। व्यास ने पैल को ऋग्वेद, वैशम्पायन को यजुर्वेद, जैमिनी को सामवेद तथा सुमन्तु को अथर्ववेद का ज्ञान दिया और चारों शिष्यों से चारों वेद धारण करने का आदेश दिया। व्यास ने मुझे इतिहास पुराण के वाचन का काम दिया। पहले एक यजुर्वेद था।

व्यास ने उसे चार भागों में विभक्त किया और होता, अध्वर्यु, उद्गाता तथा ब्रह्मा इन चारों को एक-एक भाग दिया। इस प्रकार यज्ञ का प्रवर्तन किया। व्यास ने ऋग्वेद को 21 भागों में, यजुर्वेद को 100 शाखाओं में, सामवेद को सहस्त्र शाखाओं में और अथर्ववेद को एक सहस्त्र शाखाओं में विभक्त किया। इसके पश्चात् वेद के एक चौथे भाग को अठारह पुराणों में प्रस्तुत किया। वेदों और पुराणों में बताई गई सभी विद्याओं में ओंकार की ही महत्ता विद्यमान है, क्योंकि इसका आविष्कार ब्रह्मा के मुख से हुआ है। वेदों, पुराणों, वेदवाक्यों द्वारा निरापित तत्त्व श्री वासुदेव ही हैं। वे ही वेदमूर्ति महेश्वर हैं, वे ही वेद हैं, वे ही वेदों द्वारा ज्ञेय तथा अक्षर, ओंकार, वेद और अवेद हैं। वासुदेव पर विश्वास करना ही वेद हैं और उन्हीं का रूप श्री वेदव्यास हैं।

इसके पश्चात ऋषियों को सूत ने भगवान शंकर द्वारा कलयुग में धारण किए गये विभिन्न अवतारों के बारे में जानकारी दी! आद्य कलियुग में वैवस्वत मन्वंतर में ब्राह्मणों के हित के लिए महाद्युति श्वेतदेव का रूप धारण किया।

हिमालय के ऊंचे सुंदर शिखर पर उनके कई तेजवान, ओजवान शिष्य हुए। जिनमें श्वेत, श्वेतशिख, श्वेतमुख तथा श्वेतलोहित–ये चार महात्मा, महाज्ञानी, विद्वान और वेदों के प्रकाण्ड पंडित थे। शिवजी के 27 अवतार और भी हैं जो इस प्रकार हैं–1. सुतार, 2. मदन, 3. सुहोत्र, 4. कंकण, 5. लोकाक्षि, 6. योगीन्द्र, 7. जैगीषव्य, 8. दधिवाह, 9. ऋषभ, 10. भृगु, 11. उग्र, 12. बाली, 13. गौतम, 14. गोकर्ण, 15. गुहावाम, 16. शिखंडघृक, 17. यजमाली, 18. अट्टहास, 19. दारुक, 20. लांगली, 21. महायाम, 22. मुनि, 23. शूली, 24. डिण्डमुण्डीश्वर, 25. सहिष्णु, 26. सोमशर्मा, 27. नकुलीश्वर। श्वेत अवतार को मिलाकर शिव के 28 अवतार हैं।

भगवान शंकर के प्रत्येक स्वरूप के चार-चार तपस्वी, धर्मात्मा तथा ज्ञानी शिष्य हुए। वे सब प्रसन्न मन वाले तथा शिव के भक्त थे। ये शिष्य निम्न हैं।

1. **श्वेतदेव (महाद्युति)** : श्वेत, श्वेतशिख, श्वेतास्य तथा श्वेतलोहित।
2. **सुतार** : दुंदुभि, शतरूप, ऋचीक तथा केतुमान।
3. **मदन** : विशोक, विकेश, विशाख तथा शापनाशन।
4. **सुहोत्र** : सुमुख, दुर्मुख, दुर्दम तथा दुरतिक्रम।
5. **कंकण** : सनक, सनातन, सनन्दन तथा सनतकुमार।
6. **लोकाक्षि** : सुधामा, विरज, शंखवाणी तथा अज।
7. **योगीन्द्र** : सारस्वत, मोध, धनवाह तथा सुवाहन।
8. **जैगीष्रीव्य** : कपिल, आसुरी , बोढु तथा पंचशिख।
9. **दधिवाह** : पराशर, गर्ग, भार्गव तथा अंगिरा।
10. **ऋषभ** : चलबंधु, निरुमित्र, केतुश्रंग तथा तगोधन।
11. **भृगु** : लम्बोदर, लम्ब, विक्रोश तथा लम्बक।
12. **उग्र** : शुक, सर्वज्ञ, समबुद्धि तथा साध्यगण।
13. **वाली** : सुधामा, कश्यप, वशिष्ठ तथा वरिज।
14. **गौतम** : अत्रि, उग्र, श्रवण तथा सुवैद्यक।
15. **गोकर्ण** : कुणि, कुणिबाहु, कुशरीर तथा कुनेत्रक।
16. **गुहावास** : कश्यप, उशना, ध्यवन तथा बृहस्पति।

17. **शिखंडकघृत** : उच्चास्य, वामदेव, महाकाल तथा महानिलि।
18. **यजमाली** : वाजश्रवा, सुकेश, श्यावाश्ब तथा सुपरथीश्यर।
19. **अट्टहास** : हिरण्यनाम, कौशल्य, अकाक्षु तथा कुथुनिधि।
20. **दारुक** : सुमंतवर्चा, विद्वान, कबंध तथा कुशिकंधर।
21. **लांगली** : प्लक्ष, दर्वायणि, केतुमान तथा गौतम।
22. **महायाम** : मल्लाची, मधुपिंग, श्वेतकेतु तथा तपोधन।
23. **मुनि** : उषिधा, वृहद्रक्ष, देवल तथा कवि।
24. **शूली** : शालहोता, अग्निवेश्य, युवनाश्व तथा शरद्वसु।
25. **डिण्डमण्डीश्वर** : छगल, कुंडकर्ण, कुंत तथा वाहक।
26. **सहिष्णु** : उलूक, विद्युत, शाद्रक तथा आश्वलायन।
27. **सोमशर्मा** : अक्षवाद, कुमार, उलूक तथा वसुवाहन।
28. **नकुलीश्वर** : कुणिक, गर्ग, मित्रक तथा रुरु।

ये सभी शिष्य महान योगी, ज्ञान योगी, ब्रह्मनिष्ठ तथा निर्मल बुद्धि वाले थे। जब भगवान शिव अवतार लेते हैं तो उनके चार पट्ट शिष्य भी ब्राह्मणों के हित को ध्यान में रखकर भगवान के ही आदेश से वेदों का ज्ञान का प्रसार करने के लिए अवतार लेते हैं। जो ब्राह्मण श्रद्धापूर्वक इन अवतारों का भजन-पूजन अर्चन इत्यादि करते हैं वे ब्रह्मविद्या को प्राप्त कर लेते हैं।

इस प्रकार वैवस्वत मन्वन्तर के विस्तार का समापन करते हुए सूत ने कहा—इसके पश्चात सावर्णि मन्वन्तर आएगा। जिस प्रजापति दक्ष साविर्ण होंगे। एकादश मन्वंतर में ब्रह्म सावर्ण, द्वादश में रुद्र सावर्ण, त्रयोदश में रुचि सावर्ण, चतुर्दश में भौत्यसावर्ण, प्रजापति होंगे। भगवान विष्णु की कृपा से ये मन्वंतर आगे चलते रहेंगे। इनके श्रवण करने और पठन-पाठन से मनुष्यों के सभी पाप नष्ट होते हैं तथा पुण्य लाभ की प्राप्ति होती है और पापी मनुष्यों की पाप वृत्तियों के नष्ट हो जाने तथा धर्म में विश्वास जागने के कारण व्यक्ति ब्रह्मलोक को प्राप्त करके मुक्ति पा जाता है।

□□

उत्तरार्द्ध

संसार के सभी दुखों से मुक्ति उनके निवारण का उपाय, ब्रह्म के दर्शन का सरल और सुगम साधन तथा ज्ञानी योगियों के द्वारा परब्रह्म के स्वरूप की पहचान आदि के बारे में जानने की ऋषियों की इच्छा देखते हुए ज्योंही सूत ने पुराण आख्यान प्रारंभ करने का उपक्रम किया त्योंही उस मुनि संगम स्थली पर शुद्धात्मा कृष्ण द्वैपायन महाराज व्यास का पदार्पण हुआ। काले मेघों के समान आभा वाले, कमल की पंखुरी के समान बड़े-बड़े नेत्रों वाले, वेदों के साक्षात् शरीर रूपधारी वेदव्यास को समक्ष आया जानकर सभी मुनिगण हर्ष से उत्फुल्ल हो गए और खड़े होकर अनेक विधि से उनका स्वागत करने लगे।

अपने समक्ष प्रत्येक क्षेत्र में हर्ष की लहर उत्पन्न करने वाले रोमहर्षण सूत महाराज ने अपने गुरु को देखकर पृथ्वी पर लेटकर उनको साष्टांग दण्डवत् प्रणाम किया और निवेदन किया–हे गुरुप्रवर! इन शानकादि मुनियों ने मेरे समक्ष संसार की गति की सुख दुख तथा ब्रह्मज्ञान के संबंध में जो भी प्रश्न किए हैं जिनका ज्ञान मुझे आपके श्री चरणों में बैठकर प्राप्त हुआ है। आप साक्षात् स्वयं पधार गए हैं। कृपा करके अपने ही श्री गुरु में मुनियों की शंका का समाधान करते हुए इनकी जिज्ञासा शांत करें।

सूत से ऐसा सुनकर व्यास ने मुनियों को संबोधित करते हुए कहा–"विप्रो! तप, स्वाध्याय तथा ज्ञान प्राप्त करने से तथा ध्यान और श्रवण करने से कभी किसी की किसी भी प्रकार से कोई हानि नहीं हुई है। मुझे भी भगवान कूर्म रूपधारी श्री नारायण ने जो ज्ञान मुनियों, ब्रह्मर्षियों के साथ दिया था, वही मैं आपके सामने निवेदन करता हूं, उससे आपकी जिज्ञासा अवश्य ही शांत होगी और समाधान भी मिलेगा।"

बहुत समय पहले की बात है–सनक, सनतकुमार, अंगिरा, रुद्र, भृगु, कणाद, कपिल, गर्ग, वामवेद, शुक्र, वशिष्ठ आदि महर्षि, धर्म के ज्ञाता, संयत इंद्रियों वाले, महात्माओं ने तत्त्वज्ञान को प्राप्त करने के लिए क्या उपाय करने

चाहिए। इस संबंध में आपस में विचार-विमर्श किया और इसके पश्चात वे तपस्या करने बदरिकाश्रम में चले गए। तप की सिद्धि हो जाने पर उन महर्षियों को नर के साथ भगवान श्री नारायण के भी दर्शन हुए। अनेक वेदस्त्रोत आदि द्वारा स्तुति करने के पश्चात उन्होंने श्री नारायण को प्रणाम किया। भगवान श्रीनारायण ने उनके तप के कारण को जानते हुए भी उनसे पूछा कि आप लोगों के तप का कारण क्या है।

इस पर हर्ष से उत्कुल्ल ऋषि बोले कि–प्रभो! हम अपनी कुछ शंकाओं का समाधान करने हेतु आपकी शरण में आए हैं। आप हमें यह समझाने की कृपा कीजिए कि इस संसार को चलाने वाले कौन हैं, इसकी आत्मा कौन है, इस संसार से मुक्ति का क्या साधन है तथा इस संसार की सत्ता का क्या प्रयोजन है। इस संसार का ईश्वर कौन है और ब्रह्म का रूप क्या है। सभी मुनिगण आश्चर्यचकित रह गए। जब उन्होंने देखा कि जहां अभी शंख, चक्र, गदाधारी, पद्मधारी विष्णु दिखाई दे रहे थे वहीं अब नेत्रधारी श्री शंकर खड़े थे।

भगवान की इस लीला को देखकर सभी मुनिजन विभिन्न प्रकार से शंकर की स्तुति करने लगे। भगवान शंकर ने प्रसन्न होकर उन्हें आशीर्वाद देते हुए विष्णु से मुनियों के वहां इकट्ठा होने का कारण जानना चाहा। विष्णु ने श्री शंकर को बताया कि आपके दर्शन करने और आपके मुख से तत्त्वज्ञान का रहस्य जानने के लिए ही ये लोग यहां तप कर रहे हैं। आप मेरे ही समक्ष इन्हें तत्वज्ञान का उपदेश देकर कृतार्थ कीजिए। इसके पश्चात श्री भगवान हृषिकेश ने मुनियों को सम्बोधित करते हुए कहा कि आप लोग वास्तव में परम शिव के भक्त तथा सौभाग्यशाली महात्मा हैं, इसी के फलस्वरूप आपको उनके ही आशीर्वाद से दर्शन लाभ प्राप्त हुआ है।

भगवान शंकर के उपदेश को सुनने के लिए बैठे हुए मुनियों ने देखा कि आकाश से एक दिव्य आसन पृथ्वी की ओर आ रहा है। उस आसन पर स्वयं शिव और श्री विष्णु विराजमान हो गए। तत्पश्चात मुनियों को सम्बोधित किया और बोले–"विप्रो! जो गुह्य, सनातन, अवाच्य, विज्ञान में आप लोगों को सुना रहा हूं उसे द्विजाति तो क्या देवगण भी यत्न करने पर आसानी से नहीं प्राप्त कर सकते। इस ज्ञान को जानने वाले पूर्व ऋषि इस संसार से मुक्त हो चुके हैं। यह ज्ञान बहुत अधिक कठिन और गोपनीय हैं, परंतु मैं आप लोगों के स्नेह और भक्ति भाव के कारण इसे आपके समक्ष उजागर करता हूं। यह आत्मा केवल साफ, निर्मल, पवित्र और तमोगुणी हैं, आत्मा ही अंतर्यामी होती है, इसे वेदों में अव्यक्त काल कहा गया है। आत्मा एक ही

होती है और यह माया से बंधी होने के कारण अनेक शरीर धारण करती है। आत्मा का गति परिवर्तन भी नहीं होता है।

आत्मा न तो पानी है, न धरती, न हवा, न आग, न आकाश, न माया और न प्राण हैं। प्रकाश-अंधकार, धूप-छाया के समान ही परमात्मा और छल का भी कोई आपसी संबंध नहीं होता है। परमार्थ की दृष्टि से दोनों ही अलग-अलग हैं। आत्मा के छल में पड़ रहने के कारण ही उसे सैकड़ों जन्म धारण करने के पश्चात भी इस संसार से मुक्ति नहीं मिल पाती। सच्चे मुनि, वेदों के ज्ञाता और विद्वान लोग आत्मा को द्वंद्व, विकार रहित तथा प्रकृति से परे मानते हैं, परंतु कुछ मूर्ख और अज्ञानी लोग इसमें दु:ख-सुख जैसे गलत भाव पैदा करते हैं। अज्ञान के कारण ही शुद्ध आत्मा को भोक्ता मान लिया जाता है। अज्ञान के कारण ही अहंकार जन्म लेता है और अहंकार के जन्म लेते ही जीव अपने आप को सबसे ऊंचा समझने लगता है। ऋषि-मुनि लोग तो इस लोक में केवल ब्रह्म का ही दर्शन करते हैं। अनात्म में आत्मबुद्धि ही दुखों का सबसे बड़ा कारण है। आपसी राग द्वेष के कारण ही मनुष्य अच्छे और बुरे सभी प्रकार के कर्म करता है। इन्हीं कर्मों के अनुसार मनुष्य को पाप और पुण्य का भागी बनना पड़ता है। अपने कर्मों को भोगने के लिए ही बार-बार इस संसार में आकर जन्म लेना पड़ता है, जबकि आत्मा निश्छल और दोषरहित होती है। यह मन के सभी प्रकार के भावों से सदा दूर रहती है। आत्मा स्वयं अपने ही प्रकाश से आलोकित होती है। इसीलिए विद्वान लोग इस जगत को ज्ञान रूप मानते हैं, लेकिन अज्ञानी लोग इसे अर्थ रूप वाला मानते हैं।

श्री शंकर भगवान ने आगे कहा कि जो लोग मोक्ष की इच्छा रखते हैं, उन्हें इसी आत्मा की पूजा, उपासना करनी चाहिए। भक्त योगी सभी जीवों को स्वयं अपने में ही देखता है, तब उसे सभी जीवों में ब्रह्म के ही दर्शन होते हैं। जब ब्रह्म और जीव एकाकार हो जाते हैं तो यह संसार मिथ्या जान पड़ता है। ऐसी स्थिति में सभी दु:ख, रोग, शोक आदि का एक मात्र उपाय ब्रह्म विज्ञान हो जाता है और मनुष्य शिव बन जाता है। जिस प्रकार नदी सागर में मिलकर उसी के समान हो जाती है, उसी प्रकार सभी जीव अक्षर में मिलकर एक समान होते हैं। यही मुक्ति का साधन है। ज्ञान-अज्ञान के कारण ही मोह जन्म ले लेता है। वास्तव में अज्ञान से अलग जो भी है वही विज्ञान है और यही सांख्योक्त मत है।

योग वास्तव में वेदांत का ही सार है। योग का अर्थ है मन को एकाग्र करना। योग और ज्ञान एक-दूसरे के पूरक हैं। योग-ज्ञान से युक्त प्राणी के

लिए सभी कुछ प्राप्य है। योग और सांख्य को मानने वालों का मत है कि परमेश्वर ही अपनी माया से सभी जीवों के भीतर रहता है। इसीलिए वेदों में आत्मा को सभी रूप, रस, गंध वाली तथा अजर, अमर, सनातन कहा गया है। आत्मा को एक महान पुरुष माना गया है जो सभी कार्य बिना देह धारण किए भी आसानी से कर सकता है।

शिव ने कहा कि सभी जीवों की अंतरात्मा के रूप में मैं ही हृदय में समाया हूं। इस बात को जो लोग स्वीकार करते हैं उन्हें मुक्ति मिल जाती है। सच्चे ब्रह्मज्ञानी को मैं अपनी कृपा से आनन्द का उपभोग कराता हूं। अव्यक्त परमात्मा से ही परपुरुष, प्रधानपुरुष और काल की उत्पत्ति हुई है। ब्रह्म से उत्पन्न होने के कारण ही जगत को ब्रह्ममय कहा जाता है। जीव के प्रत्येक अंग में ब्रह्म का ही निवास है। ब्रह्म दिखाई नहीं देता, परंतु उसका आभास किया जाता है। ब्रह्म ही सबको आनन्द प्रदान करता है और वही सबका आधार है। सभी जीवों की आत्मा ब्रह्म है, प्रत्येक स्थान पर वही विराजमान है।

इसके पश्चात् आगे सुनाते हुए शिव ने कहा–"विप्रो! सारे संसार को फैलाने और सभी जीवों में आत्मारूप में वास करने के कारण ही मुझे वेदज्ञानी लोग प्रधानपुरुष और प्रकृति कहते हैं और इन्हीं दोनों का संयोग होने से काल की उत्पत्ति हुई है। प्रधान पुरुष प्रकृति और कला ये तीनों मेरे ही रूप हैं। प्रधान पुरुष ने जगत की उत्पत्ति की है, और प्रकृति जगत को आकर्षित करती है। प्रकृति की ओर आकर्षित होकर पुरुष उसका उपभोग करना चाहता है। यहीं से अहंकार जन्म लेता है। अहंकार में रत रहने के कारण ही पुरुष को पच्चीस प्रकार का कहा गया है।

पहला विकार महान कहलाता है और इसी महान की शक्ति से अहंकार जन्म लेता है। अहंकार ही महान आत्मा कहलाता है। ज्ञानी लोग इसे ही अंतरात्मा, जीव आदि नामों से पुकारते हैं। यह जीव कई जन्मों तक दुःख-सुख का अनुभव करता है। इस अनुभव में मन उसका सहायक होता है। मन की रागात्मकता के कारण अविवेक जन्म लेता है और प्रकृति के साथ से काल उत्पन्न होता है।

इसी काल के कारण संसार में जन्म मृत्यु होती है। यही जीव के भीतर अनुभव करने का भाव प्रकट करता है। बुद्धिमान सब कुछ जानने वाले इसी को आत्मा की संज्ञा देते हैं। मन सभी इंद्रियों से परे की वस्तु है और मन से परे अहंकार की स्थिति है। अहंकार से परे महतत्व, महतत्व से परे अव्यक्त, अव्यक्त से परे परम पुरुष और परम पुरुष से प्राण की स्थिति है और यही प्राण जीवतत्त्व के रूप में शरीर में व्याप्त है। प्राण से परे आकाश की स्थिति

है और आकाश से परे अग्नि और अग्नि से परे मैं स्वयं ब्रह्म रूप में उपस्थित हूं।

इस संसार में मुझसे बढ़कर अथवा मेरे समान कोई दूसरा नहीं है। मैं ही जगत का निमित्त, इसकी उत्पत्ति करने वाला, पालन करने वाला और संहार करने वाला हूं। मैं ही परमेश्वर हूं, जगत के सारे कार्य मेरे ही आदेश से और मेरे ही माध्यम से संचालित होते हैं। इस अखिल विश्व में मैं ही परम भूत हूं। मुझसे परे अन्य कोई भूत नहीं। यह संसार भी मेरे द्वारा ही और मुझमें ही फैला हुआ है।

प्रत्येक जीव यह सत्य जानकर ही बंधन से मुक्त हो जाता है। इस प्रकार ब्रह्मवादी विप्रों को सम्बोधित करते हुए शिव ने अखिल ब्रह्मांड बनाने वाले देवों के देव का महात्म्य सुनाते हुए कहा कि अनेक तपस्याओं, दान और यज्ञ के द्वारा भी लोग मुझे उस रूप में नहीं जान पाते जिस रूप में मैं केवल भक्त की श्रद्धा भक्ति के द्वारा ही गम्य हूं। सारा संसार मुझे ही साक्षी रूप में जानता है। मैं ही समस्त प्राणियों के अंतर में वास करता हूं और जो संसार में व्याप्त है जिसके भीतर संसार है, वह धारण करने वाला, बनाने वाला तथा प्रलयकारी अग्नि के समान आदि परमेश्वर मैं ही हूं।

वेद के ज्ञानी एकमेव मुझमें ही परमेश्वर का ध्यान करते हैं। अनेक भांति यज्ञ अनुष्ठान से मेरा भजन करते हैं। मुनि, स्वर्गवासी पितर, ब्रह्मा, मनुगण, इंद्र और अन्य तपस्वी ब्राह्मण कोई भी नहीं देख पाते। सारे संसार के पितामह मुझ भूतअधिपति का ही ध्यान करते हैं। मैं ही सभी हवियों का भोजन करता हूं और देव शरीर धारण करके उन हवियों को सब देवताओं तक पहुंचाता हूं। जो भक्तजन मेरा ध्यान और स्तुति करते हैं, उन पर मेरी कृपा रहती है और मैं उन्हें सर्वानन्ददाता, परमपद प्रदान करता हूं।

शूद्र जाति के जन भी मेरे प्रति श्रद्धा भाव रखने से काल बाधाओं से मुक्त और नष्टपाप हो जाते हैं। मेरी प्रतिज्ञा भी यही है कि मेरा भक्त कभी नष्ट नहीं होता। नित्य श्रद्धाभक्ति से, नैवेद्य समर्पण आदि से, स्तवन, आराधना से जो भक्त मेरी पूजा करता है, वही मेरा प्रिय भक्त होता है। मैंने ही जगत के प्रारम्भ में सृष्टि के निर्माता परम पूज्य ब्रह्मा की रचना की और उन्हें सृष्टि के समस्त ज्ञान रूप में सारे वेद प्रदान किए। इसलिए सभी योगियों में मैं ही प्रधान योगी हूं।

मैं धर्म पर चलने वाले सभी भक्तों की रक्षा करता हूं और वेद विरोधी आचरण करने वालों का वध कर देता हूं। संसार का हेतूभूत होते हुए भी मैं संसार से मुक्त हूं। संसार को मोहग्रस्त करने वाली माया मेरी ही शक्ति है। विद्या मेरी ही पराशक्ति है।

इस कारण अपनी इन सभी शक्तियों को मैं ही रचने वाला हूं और मैं ही उनसे मुक्ति दिलाने वाला हूं। योगी महात्माओं के हृदय में स्थित होकर मैं अपनी माया शक्ति को समेटकर उन्हें इसके मोह से मुक्ति दिलाता हूं और सत्य का विधान करता हूं। ब्रह्मा के रूप में मेरी शक्ति सृष्टि की रचना करती है और जगन्नाथ नारायण विष्णु का रूप धारण कर वह सृष्टि का पालन करती है और शिव रूप में काल नाम से पुकारी जाने वाली मेरी रौद्र शक्ति संसार का संहार करती है। मेरे भक्त लोग ध्यान, ज्ञान, भक्ति और कर्मयोग के माध्यम से मेरा ही अनुभावन करते हैं। मेरे ही दर्शन करते हैं।

प्रधान पुरुष रूप इस जगत का विस्तार मैंने ही कर रखा है। मुझमें ही अवस्थित और मुझसे प्रेरित यह जगत मेरी ही प्रेरणा से निरंतर गतिमान रहता है। योगी, मायावी, भगवान, महायोगेश्वर, महादेव, योगिराज आदि रूप में मेरे स्वरूप का शास्त्रों में जिस प्रकार से बखान हुआ है वह मैं ही हूं और मैं ही योग मुक्त होकर निरंतर नृत्य करता रहता हूं।

जो जीव सत्य को जानते हैं वे ही योग वेत्ता कहलाते हैं और यही रहस्यपूर्ण ज्ञान है। जिसे जानकर भक्त जगत से मुक्ति पाकर आनन्द फल प्राप्त करते हैं।

इस प्रकार व्यासजी ने बताया कि ऐसा कहते हुए शंकर भगवान पर ब्रह्मीय भाव का प्रदर्शन करते हुए नृत्य करने लगे। वहां उपस्थित अनेक ऋषियों ने तेज के सागर जटाधारी भगवान शंकर को स्वच्छ निर्मल आकाश में नृत्य करते हुए देखकर हर्षित होते हुए स्वयं को कृत-कृत्य अनुभव किया, तथा देवों के देव शंकर के लिए विष्णु, ब्रह्मा, महेश्वर, विश्वनाथ सारी प्रकृति को अपने में प्रतिष्ठित करने वाले, सकल जगत के परमेश्वर, स्रष्टा, पालक और संहारक के रूप में संबोधित करते हुए स्वयं को शरणागत मानकर बारम्बार प्रणाम करने लगे।

ऋषियों की इस प्रकार अटूट श्रद्धा-भक्ति देखकर कृपालु भगवान अपनी भक्त वत्सलता का लोभ संवरण नहीं कर सके और अपने रौद्र रूप को लुप्त करके भूतभावन नारायण रूप में समक्ष प्रस्तुत हो गए। महादेव शंकर के इस परम मनोहारी रूप को देखकर विस्मय से चकित और मुग्ध ऋषियों ने अपने जीवन को सफल मानते हुए बार-बार उनका स्तवन करके उन्हें प्रणाम करने लगे। तब महादेव शंकर से ही उन ऋषियों ने शिवजी का महात्म्य सुनाने का अनुरोध किया।

भगवान महादेव ने ऋषि-मुनियों का ऐसा भक्ति भरा अनुरोध सुनकर उन्हें वेद ज्ञानियों को ज्ञात परमेष्ठी शिव के महात्म्य का वर्णन सुनाते हुए कहा

कि–मैं ही समस्त लोकों का पालक, संहारक और आत्मा में स्थित हूं। सभी पदार्थों का अंतर्यामी परमेश्वर मैं ही हूं। इस जगत के आदि, मध्य और अंत में सर्वत्र मेरी ही स्थिति है।

इस विश्व में मेरे अतिरिक्त अन्य कुछ भी नहीं। आप लोगों ने मेरी ही माया का रचा मेरा यह अद्‌भुत स्वरूप देखा है। मेरी शक्ति मेरी माया ही है। इसी से मैं सारे संसार को प्रेरित करता हूं और संसार मेरी ही प्रेरणा से चैतन्य है। वस्तुतः यह संसार मेरे ही एक अंश से निर्मित है। सर्ग के आदि में दोनों प्रधान पुरुषों को क्षुब्ध करके मैं ही सकल विश्व की उत्पत्ति करता हूं। महतत्व आदि के क्रम से मेरा ही तेज प्रगट होता है।

इस जगत का साक्षी रूप स्वर्ण रश्मियों वाला भास्कर और काल-चक्र का रचने वाला मेरे ही शरीर से उत्पन्न हुआ है। कल्प के प्रारंभ में दिव्य सनातन ज्ञान योग को चारों वेदों के रूप में मैंने ही ब्रह्मा को दिया और उस दिव्य ज्ञान को ब्रह्मा मेरी ही शक्ति से अपने हृदय में समाहित करने में सक्षम हो सके। नारायण के स्वरूप को धारण करके संसार का पालन भी मैं ही करता हूं और मेरा ही रुद्र रूप मेरी आज्ञा से प्रलंयकारी हो जाता है।

देवताओं के लिए हव्य, पितर गणों के लिए कव्य तथा मनुष्य मात्र के लिए पाक क्रिया मेरी ही आज्ञा और शक्ति से वहन होती है। जठराग्नि के रूप में मेरी ही शक्ति खाए गए भोजन को पचाती है। समस्त जलों को मूल स्रोत वरुण भी मेरी ही आज्ञा से विश्व-भर को तृप्त करते हैं और प्राण रूप में अवस्थित होकर मानव शरीर को प्राणवान बनाते हैं।

जो चंद्रमा देवताओं को अमृत, वनस्पतियों को रस और मनुष्यों को जीवन देता है, वह भी मेरी ही शक्ति से यह कार्य कर पाता है। जगत को प्रकाशित करने वाला सूर्य का प्रकाश तथा जगत पर शासन करने वाला वर्षा का देव इंद्र मेरे आदेश से ही संचालित हैं।

पापियों और दुष्कर्मियों को दंड देने वाले यमराज सांसारिक प्राणियों को सभी प्रकार के ऐश्वर्य देने वाले कुबेर, राक्षसों और तामसिकों को फल देने वाले निऋतिदेव, बैतालगण, भूत, पिशाच आदि के स्वामी अंगरस वामदेव, सभी कर्मों में प्रथम पूज्य विपत्ति के नाश करने वाले, विनायक गणेश, ब्रह्मज्ञानियों में श्रेष्ठ, देवताओं के सेनापति स्कंद तथा अनेक लोकों की रचना करने वाले प्रजापति मरीचि आदि मुनि सब मेरी ही आज्ञा से और मेरे ही निर्देश पर अपने कार्यों को करने में सफल होते हैं। प्राणियों को धन-धान्य से पूर्ण करने वाली विष्णु पत्नी लक्ष्मी विद्या की अधिष्ठात्री देवी सरस्वती तथा नाम स्मरणमात्र से नाटकीय यातना से मुक्ति दिलाने वाली सावित्री और

केवल ध्यान करने मात्र से ब्रह्मविद्या की कृपा करने वाली देवी पार्वती आदि सभी देवियां मेरे ही संकेत और आदेश से अपने भक्तों को प्रसन्न करती हैं।

पृथ्वी को अपने सिर पर धारण करने वाले और अनंत महिमा वाले शेषनाग जलनिधि के समस्त जल को पीने वाली बड़वानल चौदहों मनु, आदित्य, वसु, रुद्र, मरुत, गंधर्व, यक्ष, राक्षस, पिशाच, सिद्ध, चारण, गरुड़ आदि सभी मेरे वंशज और मेरे ही निर्देशों पर चलने वाले मेरे गण हैं। काल भेद के रूप में कला, काष्ठा, निमिष पल, मुहूर्त, दिन-रात, पक्ष-मास, ऋतु, अयन-वर्ष, मन्वन्तर आदि मेरे ही द्वारा जाने जाते हैं।

समस्त ब्रह्मांड, तीनों लोक, पंचतत्व, मन, बुद्धि, अहंकार सब मेरी माया द्वारा संचालित हैं तथा जिस विद्या, बुद्धि के प्रादुर्भाव से व्यक्ति मेरी मोह माया पर विजय प्राप्त करके जगत के परम तत्व का सत्य के रूप में अनुभावन करता है, वह विद्या, बुद्धि भी मेरी ही पराशक्ति है, मुझसे ही संचालित और मेरे ही आदेश पर चलती है।

इस प्रकार ऋषि-मुनियों को संबोधित करते हुए महादेव शिव ने बताया कि यह समस्त ब्रह्मांड मेरी प्रेरणा द्वारा ही अस्तित्व में आता है। मैं ही इसका निर्वाह करता हूं और मेरे ही निर्देश पर काल-रात्रि इसका प्रलय काल बनती है। परब्रह्म, सनातन, स्वयं ज्योति मैं ही परमात्मा हूं। मुझसे परे अन्य कोई दूसरी शक्ति नहीं। जो मनुष्य इस परम सत्य को जान जाते हैं और मन, वचन, कर्म से मेरा स्तवन, आराधन और भक्ति में समर्पित हो जाते हैं वे ही सांसारिक बंधनों से मुक्ति पाकर मेरी कृपा के पात्र होते हैं।

शिव ने स्वयं को ही परात्पर, शाश्वत, ध्रुव, नित्य, आनन्द, अव्यय निर्विकल्प ब्रह्म कहते हुए बताया, मैं ही दसों दिशाओं में देखने वाला स्वयंभू ब्रह्म और योगिराज शंकर हूं। स्वयं को ही विद्याओं में आत्म विद्या, ज्ञान में ईश्वरीय ज्ञान, पंचभूत तत्वों में आकाश, बंधनों में माया, नष्टकारियों में काल, परों में परमेश्वर, अनेक गतियों में मुक्ति, देवियों में पार्वती, आदित्यों में विष्णु, वसुओं में पावक, रुद्रों में शंकर, सभी पक्षियों में गरुड़, गजों में इंद्र वाहन ऐरावत, धनुर्धारियों में राम, ऋषि-मुनियों में वशिष्ठ, देवगणों में इंद्र, रचनाकारों में विश्वकर्मा, दैवय-राक्षसी में प्रह्लाद, मुनिगणों में व्यास, गणनायकों में गणेश, वीरों में वीरभद्र, सिद्ध महात्माओं में कपिल, पर्वत पहाड़ों में मेरु, नक्षत्र-ग्रह्यादियों में चंद्रमा, शस्त्रादियों में वज्र, व्रत उपवासों में सत्य, योगी महात्माओं में अनंत, देव सेनापतियों में स्कंद, जीवन-आश्रमों में ग्रहस्थ, ईश्वर में महेश्वर, अनेक कल्पों में महाकल्प, चतुर्युगों में सतयुग, यक्षों में कुबेर, तृणों में लता, द्वीपों में पुष्कर, पशुओं में सिंह, शस्त्र यंत्रों में धनुष,

वेदों में सामवेद, यजुओं में शत रुद्री, अपने योग्य मंत्रों में सावित्री, गुप्त-रहस्य पूर्ण मंत्रों में प्रणवर ओंकार।

सूक्तों में पुरुष सूक्त, साम ऋचाओं में ज्येष्ठ साम, वेद ज्ञानियों में स्वायम्भुव मनु, देशों में ब्रह्मावर्त तथा क्षेत्रों में मुक्ति दाता काशी प्रदेश मैं ही हूं। इस लोक में सत, रज, तम, तेज, बल में मैं ही व्याप्त विस्तृत तथा विशिष्ट हूं। आत्म दृष्टि से सभी जीव पशु कहलाते हैं, उनका स्वामी होने के कारण ही मैं पशुपति के नाम से पुकारा जाता हूं। मेरी ही माया जीवों को माया पाश में बांधती हैं। मैं ही उनका उद्धारक हूं। मेरे अतिरिक्त सांसारिक प्राणियों का मुक्ति दाता अब कोई दूसरा नहीं। समूची सृष्टि में मेरे ही तेज का स्फुरण होता है।

हे ब्राह्मणों, महात्माओं! मुक्त पति के पाश रूप माया, कर्म, गुण आदि चौबीस प्रकार के बंधन हैं, अनेक क्लेश भी इसी में आते हैं, इनमें मन, बुद्धि, अहंकार, आकाश, वायु, अग्नि, जल-पृथ्वी, आठ प्रकृतियां हैं, शक, रूप, रस, गंध स्पर्श-पांच ज्ञानेन्द्रियां तथा हस्तपाद लिंग गुदा वाक् के पांच कर्मेंद्रियां हैं। कुल दस इंद्रियां होती हैं, इस प्रकार प्रकृति + इंद्रियां + ज्ञानेन्द्रियां = 8 + 10 + 3 + 23 तथा अव्यक्त गुबल मूलक प्रधान को मिलाकर कुल संख्या 24 होती है—सत, रज, तम तीनों गुणों की साम्यावस्था ही अव्यक्त प्रकृति होती है।

सात्विक, राजसिक, तामसिक तीन प्रकृतियों का ज्ञान होता है, इनमें वैषणा बुद्धि की विषमता के कारण आता है, दोपाश मुख्य कहे जाते हैं, धर्म मूलक पाश तथा कर्म मूलक पाश इसके अलावा अनेकानेक पाशों में अविद्य अज्ञान, राग, द्वेष, अस्मिता, अमिनिर्वेश तथा क्लेश आदि आते हैं, इनकी कारण रूप मेरी शक्ति रूप माया ही है। यही अव्यक्त शक्ति के रूप में मुझमें समाहित रहती है। यही मेरी शक्ति ही मूल प्रकृति है, इसी को प्रधान पुरुष भी कहते हैं। इस प्रकार महत् आदि विकारों से परे और इन सभी से परे देवों में सर्व देव मैं ही सनातन हूं। प्राचीन कवियों, विद्वानों वेदवेत्ताओं में मेरे इन्हीं गुणों का अनुभव करके बंध, बंधन कर्ता, पाश, पशुओं को बांधने वाला मुझको वेद रूप, वेदों को जानने वाला तथा वेदों के द्वारा जानने योग्य प्रधान पुरुष की संज्ञा दी है।

अभ्यागत मुनि, महात्माओं, ब्राह्मणों को परम गुह्य ज्ञान का प्रसार करते हुए भगवान शंकर त्रिलोकी ने बताया कि सभी विद्याओं का स्वामी, प्राणियों का आराध्य देव ईश्वर, ओंकार रूपधारी, भगवान-प्रजापति ब्रह्मा मैं ही हूं, जिस मेरे ज्ञान को पाकर प्राणी सांसारिक बाधाओं रूपी जीवन सागर को पार

कर जाते हैं, वह एकाकी, केवल मात्र, परम ईश, शांत सनातन अव्यक्त निर्मल, अव्यय, ब्रह्म मैं ही हूं। मैं महत् तत्व रूपी ब्रह्म से उत्पन्न होकर उसी महत् तत्व रूपी ब्रह्म में गर्भ वपन करता हूं। इससे स्त्री योनि ब्रह्म की उत्पत्ति होती है। महत् भूत की आत्मा ही प्रधान पुरुष है, मन तथा इंद्रियां उसकी तन्मात्राएं हैं, इसके पश्चात् ही करोड़ों सूर्यों की आभा वाला प्रकाशमान सुनहरे अण्ड की उत्पत्ति होती है। मेरी दैवी शक्ति के बल से उससे महा प्रजापति ब्रह्मा की उत्पत्ति होती है। अन्य सभी जीव तन्मय ही हैं और माया-मोह के कारण पिता रूप मुझे नहीं देख पाते हैं। उनकी लोभी अनेक योनियां हैं जिनमें वे जन्म लेते हैं उनका परा माता तथा परा पिता मैं ही हूं और ज्ञान और बुद्धि के संस्कार से यह रहस्य जानकर मेरी वास्तविकता पहचान लेता है, मेरे पिता एवं सृष्टि के बीज रूप को जान लेता है वह कभी मोहाविस्ट नहीं होता, वही पुरुष मेरा सानिध्य पाता है।

वेदों में जिसे प्रकृति में लीन ब्रह्म योनि और कारण भूत शक्ति कहा गया है उसका एकमात्र सत्य रूप, परमेष्ठी पुरुष मैं ही हूं। ब्रह्मा, योगी, आकाश व्यापी, वेदों के द्वारा जानने योग्य, पुराण पुरुष, महिमाशाली, रुद्र मैं ही हूं। विश्वनियंता, अव्यक्त बीज और मृत्यु मैं ही हूं। मुझे इन्हीं तत्व रूपी गुणों के कारण कुछ विद्वान आत्मा कहते हैं, कुछ परमात्मा कहते हैं। अणु से भी सूक्ष्म तथा महत् से भी अधिक विस्तार वाला विश्व रूप महादेव मैं हूं। जो पुरुष जीव इस तथ्य को हृदय में धारण करके मेरे अनुकूल आचरण करता है वही मेरी कृपा से परम गति, परम पद पाने का अधिकारी होता है।

ऋषियों ने महादेव के समक्ष यह जिज्ञासा प्रकट करते हुए प्रश्न किया कि निस्कलुष, नित्य, निर्मल और निष्क्रिय होते हुए आप विश्व रूप किस प्रकार हुए? तो भगवान शिव ने उनकी जिज्ञासा शांत करते हुए बताया कि मैं संसार का नियंता हूं, मेरे दिव्य संसार की तथा संसार के बिना मेरी सत्ता ही नहीं है।

मोहाविष्ट करने वाली संसारी माया तो निमित्त मात्र है। वह मेरे ही आश्रय में है। अनादि होने के साथ-साथ अजर तथा अमर कहलाई जाने वाली यह मायां ही तो मेरी शक्ति है, सारा प्रपंच माया का ही तो है। अव्यक्त से उत्पन्न होने वाला, आनन्द भय, अक्षर तथा ज्योति रूप कारण अव्यक्त ही है, वह कारण अथवा निमित्त मैं ही हूं। इस जगत में मुझसे भिन्न कुछ भी नहीं, सर्वत्र मेरी ही सत्ता विद्यमान है, मेरी विश्व रूपता भी ज्ञानियों, विद्वानों द्वारा इसलिए निश्चित की गई है। मैं एक भी हूं तथा भिन्न भी। परब्रह्म, सनातन परमात्मा, कारण और अकारण भी मैं ही हूं, मेरी ही अनन्त रूपा शक्ति माया

के कारण आकाश लोक में अव्यक्त दिखलाई पड़ती है, ब्रह्म जो भिन्न होते हुए भी अभिन्न व्यक्त होते हुए भी अव्यक्त युक्त रहते हुए भी नियुक्त दिखलाई देने के पीछे भी मेरी माया शक्ति का ही कारण है। ब्रह्म से ओत-प्रोत यह अखिल विश्व मुझसे ही है, यह तथ्य जानने वाला मनुष्य मुक्ति लाभ पाता है। यद्यपि ब्रह्म के यथा रूप का वर्णन संभव नहीं, किंतु उसके आनन्द रूप को जानकर ही जीव सुख पाते हुए निर्भय हो जाते हैं। उसी आदित्य वर्ण वाले आदि प्रधान पुरुष को जानकर ही बंधन मुक्त, नित्य आनन्द ग्राही तथा ब्रह्ममय हो जाता है और इस प्रकार उस दिव्य लोक में पहुंच जाता है, जहां से वह विश्व में आने-जाने के चक्र से मुक्ति पा जाता है। उपनिषदों में भी कहा गया है-"सभी प्राणियों में अंतरात्मा के रूप में एक ही सब ज़गह व्याप्त परम ईश्वर विद्यमान है, वही सब ओर देखने वाला धैर्यवान पुरुष ही चिर शांति पाते हैं। जो इससे इतर भावना रखते हैं वे सदैव दुःख में हिचकोले खाते हुए लक्ष्य से दूर ही रहते हैं।"

सभी जीवों के अंतरतत्व में ब्रह्म ही स्थित है। इस गोपनीय ज्ञान के धारण करने में ही जीव का कल्याण है।

सामान्य लोगों को परम दुर्लभ योग के बारे में बताते हुए परम ईशान शंकर ने कहा-"जिस ज्ञान से प्राणी सूर्य के समान आभासित परमात्म देव-दर्शन सुलभ करते हैं, वह योग अग्नि सभी पापों को जला देने वाली, मुक्ति की सिद्धि देने वाली तथा ज्ञान का उदय करने वाली है। योग से ज्ञान जागता है तो ज्ञान से योग में शक्ति पैदा होती है। जो व्यक्ति योग तथा ज्ञान से युक्त होता है, परमात्मा उस पर कृपा करते हैं। यह योग दो प्रकार का होता है, अभाव योग तथा भाव योग। अभाव योग में परमात्मा के रूप में उसके शून्य रूप का चिंतन किया जाता है, महायोग में आत्मा के रूप में नित्य आनन्दमय, निरंजन का दर्शन किया जाता है। यही ब्रह्म योग है। अन्य योग इसके 16वें अंश के समान भी पुण्यदायी नहीं हो पाते। सब भावों से मुक्त योगी सब समय ब्रह्माण्ड को साक्षात् परम ईश्वर के रूप में देखते हैं, वही सर्वोत्तम, परम योग की स्थिति है। यम, नियम, प्राणायाम, ध्यान, प्रत्याहार, धारणा, समाधि तथा आसन योग के आठ लक्षण बताए गए हैं। इनके धारण करने से सभी विघ्न दूर हो जाते हैं, एकाग्रता के साथ भक्त मुझे ध्यान धारण करता है।"

यम के पांच मुख्य अंग हैं-"अहिंसा मन, वचन कर्म से किसी जीव को किसी भी रूप में किसी प्रकार का कष्ट या क्लेश न पहुंचाने का नाम ही अहिंसा है। नियत धर्म के पालन हेतु अपनाई गई हिंसा भी अहिंसा ही

कहलाती है। इस अहिंसा से बढ़कर न कोई परम धर्म है न परम सुख. सत्य यथार्थ कथन की प्रवृत्ति का नाम ही सत्य है। इसके आचरण से मनुष्य सहज रूप में ही सारे सुफल पा लेता है। अस्तेय, बलपूर्वक या चोरी से किसी की वस्तु हस्तगत न करने की प्रवृत्ति अस्तेय कहलाती है। इसमें दूसरे की वस्तु के प्रति मन में अनिच्छा भाव शील का उच्चतम रूप कहा गया है।" ब्रह्मचर्य सभी अवस्था एवं स्थानों पर मन, वचन, कर्म से मैथुन का त्याग ब्रह्मचर्य कहलाता है। अपरिग्रह द्रव्य की संचय प्रवृत्ति के विरोध में मन तैयार करना अर्थात् असंग्रह की भवना ही अपरिग्रह कहलाता है। यम के अनुरूप ही पांच नियम होते हैं–तप कष्टप्रद चांद्रायण व्रतों द्वारा शरीर को सुखाने की प्रक्रिया तप कहलाती है। स्वाध्याय: वेदांत और शतरुद्रीय आदि ग्रंथों का स्वत: अध्ययन पारायण और मंत्र जाप आदि स्वाध्याय कहलाता है, यह वाचिका आंशु तथा मानस तीन प्रकार का होता है।

संतोष : ईश्वर की कृपा तथा इच्छा जानकर जो थोड़ी बहुत धन सामग्री उपलब्ध है उसी में पर्याप्त आनन्द का अनुभव संतोष कहलाता है।

शौच : सभी प्रकार की पवित्रता शौच कहलाती है। यह बाह्य तथा भीतरी दो प्रकार की होती है।

ईश्वर पूजन : मन, वचन, कर्म से ईश्वर की आराधना और भगवान शंकर में अटल भक्ति निरंतर स्मरण स्तुति भगवद् पूजन कहलाती है।

प्राणायाम का अर्थ होता है–प्राण वायु का निरोध यह तीन प्रकार का होता है–**अधम** : 12 से 24 पल का निरोध, **मध्यम** : 37 पलों तक का निरोध, **उत्तम** : स्वेद, कम्प तथा उच्छास का निवारण करते हुए काफी समय तक प्राण वायु का निरोध उत्तम प्राणायाम कहलाता है।

प्राणायाम के तीन प्रमुख भेद भी होते हैं–प्राण वायु को बाहर निकालना रेचक, भीतर रोकना–पूरक, प्राण वायु को बाहर निकालना और भीतर भरना कुंभक कहलाता है।

योग के पांचवें अंश 'प्रत्याहार' का अर्थ है इंद्रियों का नियंत्रण धारण-चित्त को एकाग्र करना, समाधि-देशकाल से मुक्त ईश्वर ध्यान में मग्न होना, आसन-एक निश्चित स्थिति में बैठना। इस प्रकार खुले स्वच्छ वायु के स्थान, नदी तट, मंदिर या एकांत प्रदेश योग के लिए समुचित स्थान हैं। इसमें इस तरह ध्यान लगाना होता है कि बाहरी जगत का कुछ भी ध्यान न रहे। इस क्रिया को विधिपूर्वक करके ईश्वर आराधना करने वाला निश्चित रूप से परमपद प्राप्त करता है। ऐसा ज्ञान-योगी निर्मम अहंकार रहित, संतुष्ट, इंद्रिय संयमी तथा निश्चय में दृढ़ और अटल विश्वासी होता है।

ऋषियों को प्रबोधित करते हुए इस प्रकार व्यास मुनि ने बताया कि शंकर महादेव ने इस दिव्यज्ञान शांत चित्त वाले अपने श्रद्धालु शिष्यों को प्रदान किया और अंत में मौन हो गए, यह ज्ञान भगवान शंकर से लेकर विष्णु ने सनतकुमारों को, उनमें-सुनन्दन द्वारा पुलह को, पुलह मुनि से गौतम ऋषि को, गौतम से अंगिरा को, अंगिरा से भरद्वाज को, भरद्वाज से पराशर को, पराशर से वाल्मीकि को, वाल्मीकि से वामदेव को, वामदेव से श्रीकृष्ण को तथा श्रीकृष्ण से अर्जुन को प्राप्त हुआ।

व्यास को भी यह पराशर मुनि से ही प्राप्त हुआ था। इस रहस्यमय ज्ञान को प्राप्त करके आप लोगों को भी अब शिव महादेव का श्रद्धा भक्ति पूर्वक ध्यान धारण करना चाहिए। व्यास से इस प्रकार प्रबोधित होकर शौनक आदि ऋषियों ने सत्यवती पुत्र श्री वेदव्यास को प्रणाम किया और कहा कि यह परम रहस्य वाला ज्ञान प्राप्त करके उनकी कृपा से भगवान शंकर में अटूट आस्था और विश्वास दृढ़ हो गया है। अब उन्होंने व्यास से कर्म योग के बारे में जानने की इच्छा प्रकट करते हुए कहा कि मोक्ष के इच्छुक जीव को भगवान शंकर की आराधना और पूजा किस प्रकार की जाए।

इस पर व्यास देव ने कूर्म रूपधारी भगवान नारायण के मुख से आख्यायित कर्म योग का जो आचरणीय व्याख्यान सुना वह उंन्हें बताते हुए कहा कि 'ब्रह्मचर्य आश्रम धर्म' में अपने कुल की परंपरा के अनुसार आठवें वर्ष में द्विज कुल में उत्पन्न बालक का उपनयन संस्कार कराते हुए वेद पाठन में युक्त करना चाहिए। ब्रह्मचर्य का पालन करते समय दंड, मेखला, सूत आदि धारण करके भिक्षा पर आश्रित विद्याध्यन करना चाहिए। बाएं कंधे पर से दक्षिण भुजा तक यज्ञोपवीत धारण करना चाहिए और शिखा बांधे रहना चाहिए। यज्ञशाला, गौशाला, यज्ञ, याज्ञस्थल, स्वाध्याय, भोजन, गुरु सेवा, संध्या, उपासना, साधु संगति में द्विज को सदैव यज्ञोपवीत धारण कर रहना चाहिए। कुश से बनी मेखला और वेल्व दंड अपने पास रखना चाहिए। प्रातः सांय संध्या वंदन करना चाहिए। जो काम, क्रोध, लोभ, मोह और भय से ग्रस्त रहता है और संध्या वंदन कर्म से उपराम हो जाता है वह पतित हो जाता है।

ब्राह्मण का धर्म है कि वह नित्य प्रति प्रातः सायं यज्ञ द्वारा देवों, ऋषियों और पितरों का तर्पण करें। पुष्पों, पत्रों और जल से देव पूजन करें। ब्रह्मचारी को वृद्धों के प्रति विनम्र और अभिवादनशील होना चाहिए। अपने से बड़ों के सामने अपने नाम गोत्र का उल्लेख करते हुए प्रणाम करना चाहिए। आशीर्वाद के रूप में मिले आयु, विद्या, सुख और यश से ब्रह्मचारी की आयु, स्वास्थ्य, धन और यश की वृद्धि होती है। जो व्यक्ति अभिवादन करने वाले को प्रत्युत्तर

में आशीर्वाद नहीं देता वह पुन: प्रणाम के योग्य नहीं रह जाता। ऐसे व्यक्ति का शूद्र के समान बहिष्कार कर देना चाहिए। गुरु को दोनों हाथों से प्रणाम करते समय दाएं से दाएं पैर का और बाएं हाथ से बाएं पैर का अंगूठा स्पर्श करना चाहिए।

सांसारिक और वैदिक ज्ञान देने वाले को भी गुरु के समान ही मानना चाहिए। ब्राह्मण से कुशल, क्षत्रिय से अनामय, वैश्य से क्षेम के रूप में कुशल मंगल पूछना चाहिए। मन, वचन, कर्म और शरीर से अपने बड़े संबंधियों का भी गुरु रूप में सम्मान करना चाहिए।

ब्रह्मचारी को गुरु को समक्ष देखकर तत्काल खड़े होकर करबद्ध प्रणाम करना चाहिए। उनके बराबरी में न कभी बैठना चाहिए और न कभी उनसे विवाद करना चाहिए। भूलकर भी द्वेष नहीं करना चाहिए। गुरु के साथ द्वेष रखने वाला अध: पतन को प्राप्त होता है। जन्म देने वाली मां, पालन पोषण करने वाली धाय, विद्या उपदेश देने वाली विदुषी, बड़े भाई की पत्नी और गुरु पत्नी को सदैव गुरु के समान पूज्य मानना चाहिए। इनमें मां का स्थान सर्वोत्कृष्ट है। जो व्यक्ति कल्याण की कामना करते हैं और उन्हें भूलकर भी कभी इन पांचों का आदर सम्मान नहीं छोड़ना चाहिए।

जो पुत्र अपने गुणों, सेवा और सत्कार से माता-पिता को प्रसन्न रखता है, वह धन्य है, क्योंकि माता-पिता के ऋण से कितनी भी सेवा की जाये उऋण होना संभव नहीं, अत: उनकी आज्ञा का सदैव पालन करना चाहिए। जो मूर्ख बुद्धि अपने इस कर्म में शिथिलता बरतता है वह घोर नर्क में जाता है। बड़े भाई का अपमान करने वाला ब्रह्मचारी और पति का अपमान करने वाली स्त्री घोर नरक यातना सहते हैं। मनु महाराज ने कहा है कि अपने से पूज्यों का सदैव आदर करने वाला असीम फल का अधिकारी होता है।

ब्रह्मचारी को भिक्षावृत्ति पर निर्भर रहते हुए जो कुछ मिल जाये उसी में संतुष्ट रहते हुए और वह भी सब कुछ गुरु को सौंपकर उनके द्वारा प्राप्त अंश रूप में ही संतुष्ट रहना चाहिए। जिन समृद्धि चाहने वाले क्षत्रिय ब्रह्मचारियों को ब्राह्मण से भेंट होती है, उन्हें उनका आदर करना चाहिए। ब्राह्मण को आशीर्वाद देना चाहिए। इसके लिए वह स्वस्ति शब्द का प्रयोग कर सकता है। परस्पर वर्णियों के मिलने पर प्रणाम शब्द उचित है।

आदर के लिए विद्या, कर्म, तप, बंधुता तथा वित्त का क्रमश: महत्त्व है। इसमें विद्या का सर्वोपरि महत्त्व है। यदि विद्वान शूद्र से अविद्वान ब्राह्मण की भेंट हो जाए तो ब्राह्मण को चाहिए कि वह शूद्र का सम्मान करते हुए मार्ग दे। इसी प्रकार राजा, स्त्री और प्रज्ञाचक्षु को भी यथा सम्मान देना चाहिए।

ब्रह्मचारी को चाहिए कि वह अपनी भिक्षा का अंश दुर्बल अपेक्षित वृद्ध आदि को भी दे। भिक्षाटन अपने वर्ग और जाति के घरों से ही करना चाहिए। गुरुकुल के घरों और संबंधियों के घरों से कभी भिक्षा नहीं मांगनी चाहिए। यदि कहीं से अग्राह्य सामग्री प्राप्त हो गई है तो उसे त्याग देना चाहिए। खाने-पीने, मल-मूत्र विसर्जन, खांसी और अयुक्त वक्तव्य के बाद आत्मशुद्धि करनी चाहिए।

चांडाल या म्लेच्छ से बातचीत अथवा स्त्री और शूद्र से मिथ्या भाषण करने के बाद भी आत्म शुद्धि करनी चाहिए। ब्रह्मचारी द्वारा स्त्री का स्पर्श हो जाने पर अथवा अपने केशों का स्पर्श हो जाने पर जल से स्नान करना चाहिए। रुग्णता की स्थिति में सिर और गले को ढककर शेष शरीर का जल से प्रक्षालन करना चाहिए। इस प्रकार आचरणीय व्यवहार करते हुए ब्रह्मचारी को गुरु को आदर्श रूप में मानते हुए गुरु की निंदा से दूर रहते हुए विद्याध्ययन करना चाहिए। यदि वह इसके विपरीत आचरण करता है तो निश्चय ही पतन की ओर उन्मुख होता है और घोर नरक यातना सहने को बाध्य होता है।

नित्य प्रति जल से भरे कलश, कुश, फूल, समिधाएं लाते हुए शौच का विशेष ध्यान करते हुए गुरु की आज्ञा अनुरूप तथा गुरु के प्रिय अप्रिय का ध्यान रखकर आचरण करते हुए जितेंद्रिय होकर क्रोध पर नियंत्रण रखते हुए मधुर और सर्वहितकारी वाणी बोलते हुए काम, लोभ, भय, निद्रा, द्यूतकर्म, लोक निंदा, स्त्री दर्शन, हिंसा तथा दुष्टता आदि से दूर रहते हुए गुरु से सदा निम्न आसन पर बैठते हुए गुरुपुत्र, गुरुपत्नी के प्रति सम्मानशील होकर व्यवहार करना चाहिए। यदि गुरु पत्नी युवती हो तो ब्रह्मचारी को उसके चरणों का स्पर्श, अंग दबाना तथा केश प्रसाधन भूलकर भी कभी नहीं करना चाहिए।

ब्रह्मचारी को अपनी महिला संबंधियों को भी मां के समान समझना चाहिए। पूर्वोक्त गुण सम्पन्न ब्रह्मचारी ही गुरु से वेद वेदांगों और पुराणों का अध्ययन तथा ओंकार सहित गायत्री का अर्थज्ञापन करने का अधिकारी होता है। लोक माता गायत्री की कृपा से वह परमगति को प्राप्त होता है। ब्रह्मचारी को चाहिए कि मांस या सूतक का अन्न खाकर अमावस्या, चतुदर्शी और पूर्णिमा के दिन अनध्याय रखे। वेदों का अध्ययन विधिपूर्वक करते हुए जो वेद का अर्थ विचार नहीं करता वह पतित शूद्र के समान और नरकगामी होता है, इसमें किसी भी प्रकार से न्यूनता आ जाने पर सावित्री अथवा शतरुद्रीय जाप से लाभ होता है।

व्यास ने विधि-विधानपूर्वक ब्रह्मचर्य आश्रम में अपनाए जाने वाले कर्म योग का विस्तार से आचरणीय व्यवहार, धर्म समझाते हुए बताया कि ऐसा ब्रह्मचारी शिव के अनामय पद को प्राप्त करता है। जो ब्रह्मचारी अपने अध्ययन काल में एक-दो अथवा तीन वेदों का पूर्ण अध्ययन कर चुका है उसे स्नान करके गृहस्थ आश्रम में प्रवेश करना चाहिए। अपनी शक्ति के अनुसार गुरु की दक्षिणा समर्पित करने के पश्चात उनकी अनुमति से वटकल वस्त्रों का त्याग करके छत्र, चंवर, उष्णीश, उपामह, जूते, कुंडल तथा सुंदर वस्त्र धारण करने चाहिए तथा कुलीन, सुंदर, गुणी, आचरणवती, सुशील और दोष-रहित कन्या से विवाह करके ऋतुकाल में ही गमन करना चाहिए।

षष्ठी, अष्टमी, द्वादशी और चतुदर्शी को स्त्री गमन नहीं करना चाहिए। अपने आश्रम के अनुकूल वेद निर्देशित कर्म का विधिपूर्वक पालन करते हुए नये कर्म क्षेत्र में प्रवेश करना चाहिए। गृहस्थाश्रम कर्म योग-गृहस्थाश्रम में प्रवेश करने वाली द्विजातियों के अनुरूप करणीय आचरण का परिचय देते हुए व्यास ने बताया कि जो मनुष्य काम, क्रोध, भय, लोभ, मोह से ग्रस्त नहीं है। इनसे परे रहकर व्यवहार करता है, सावित्री जाप तथा श्राद्ध आदि विधि-विधान से सम्पूरित करता है, वह सरलता से इस सांसारिक आवागमन के चक्र से मुक्ति पा जाता है, इसमें सद्-गृहस्थ को चाहिए कि वह यश याज्ञादि कार्यों में दैनिक वृत्ति लगाए आर्य ग्रंथों, वेद-पुराण आदि व्यक्ति के लिए सिद्ध महात्माओं द्वारा निर्देशित आचरण करें। परोपकार, दयालुता और उदारता का व्यवहार करें। यह तो विदित ही है कि शरीर धर्म का मूल साधन है, इसकी रक्षा कायल भी गृहस्थी को करना चाहिए। उसे प्राणों का समर्पण करके भी धर्म की रक्षा करनी चाहिए।

गृहस्थ ब्राह्मणों के दैनिक आचरण में जीव हिंसा का निषेध, असत्य भाषण से परहेज, चोर-कर्म से दूर रहना चाहिए, अर्थात किसी का तिनका भी चुराने का भाव मन में नहीं लाना चाहिए। अन्यथा नारकीय यातनाएं भोगनी पड़ती हैं। याचना का भाव भी घोर पातकी होता है, राजा, शूद्र तथा पतित से तो याचना करना नहीं चाहिए, अत्याचित को भी नहीं ग्रहण करना चाहिए, क्योंकि नित्य प्रति की याचना प्राणों का हरण करती है, सत्व शक्ति कम होती है, मन तथा बुद्धि दुर्बल होते हैं।

द्रव्य हरण से भी दूर रहना चाहिए, ब्रह्मर्पित द्रव्य तथा देवताओं के द्रव्य का हरण तो भूलकर भी नहीं करना चाहिए, यह प्राणघातक तथा कुफल दायी है, प्रजापति मनु ने इसके लिए यह कहा है कि यदि फूल, शाक, काष्ठ, तृण, मूल का बिना स्वीकृति के ग्रहण कर लिया जाए तो यह चोर-कर्म में परिगणित नहीं होता है।

किंतु देव पूजा के लिए अपेक्षित पुष्पों को स्वीकृति के बाद ही लेना चाहिए। तृण मूल आदि का ग्रहण भी धर्म के कार्य में किया जा सकता है, अन्यथा यह कर्म भी पातकी हो जाता है। ब्राह्मण को यह भी चाहिए कि मार्ग में चलते हुए भूख-प्यास से पीड़ित होने पर केवल प्राण-रक्षा के निमित्त ही उसे तिल, मूंग तथा जौ आदि केवल एक मुट्ठी-भर ही ग्रहण करना चाहिए, इससे अधिक कदापि नहीं। ब्राह्मण को धर्म की आड़ में पाप आचरण सदैव वर्जित है, भूल में ऐसा होने पर व्रत के द्वारा उसका संशोधन किया जाना चाहिए। प्रायश्चित व्रत करते हुए पाप को छिपाना नहीं चाहिए, अन्यथा इसका सुफल राक्षसों को प्राप्त होता है, यदि कोई ब्राह्मण बिना संन्यास लिए संन्यासी के रूप में वृत्ति करता है तो वह कपटी अगले जन्म में पक्षी की योनि में जन्म लेता है।

कपट का आचरण करने वाला ब्राह्मण नरक में जाता है, इसी प्रकार वामा के साथ आचरण करने वाला पापी पाखंडी, वाणी से भी अनादरणीय हो जाते हैं।

वेद की, देवों की तथा द्विजों की निंदा करने वाला व्यक्ति भी सम्मान के पद से नीचे गिर जाता है। संन्यासी के वेश को धारण करके जो भजन करता है। योनि संबंध रखता है या स्त्रियों के साथ वार्तालाप में प्रसन्न रहता है वह घोर नरक की यातना सहता है।

इन दोषों से व्यक्ति को बचाना चाहिए। देश द्रोह से भी कहीं अधिक भयंकर घातक है और ज्ञान, निंदा तथा नास्तिकता भी गुरुद्रोह से भी अत्यधिक भयंकर दोषपूर्ण है। इनके आचरण करने वाला व्यक्ति अकुलीन तथा पतित हो जाते हैं।

झूठा कथन, दूसरे की स्त्री के साथ योगचार, न खाने योग्य वस्तुओं का सेवन, वेद के विरूद्ध आचरण-व्यवहार करने वाले ब्राह्मण का शीघ्र ही कुल समूचा नष्ट हो जाता है। वेद की निंदा करने वाले से या शूद्र से दान लेने वाला ब्राह्मण भी पाप का भागी हो जाता है, पतित हो जाता है।

ब्राह्मण को आवास के लिए भी ग्राम से दूर, नदी तट से आधे कोस की दूरी पर, हिमालय या विंध्याचल के मध्यवर्ती प्रदेश में आवास करना चाहिए। एक शैया पर दूसरे के साथ नहीं सोना चाहिए, साथ भोजन नहीं पकाना चाहिए, एक साथ भजन-अध्ययन-अध्यापन नहीं करना चाहिए। ये वर्जित कर्म हैं इनसे अधिकांश बचना चाहिए।

ब्राह्मण को परनिंदा, बैर-भाव, चुगली से बचना चाहिए। इंद्र-धनुष, सूर्य-ग्रहण तथा शवाग्नि को नहीं देखना चाहिए। तिथि नक्षत्र की जानकारी

जानने पर ही बतानी चाहिए। बगैर पूछे नहीं बतानी चाहिए। आत्म प्रशंसा से भी बचना चाहिए। किसी की निंदा नहीं करनी चाहिए, न सुननी चाहिए।

यदि अकारण या आकस्मिक रूप से ब्राह्मण ऐसे वातावरण में पहुंच ही गया है जहां निंदनीय लोगों का जमघट हो तो वहां आपत्तिकरण जानकर मौन रहना चाहिए, बल्कि नेत्र मूंद लेने चाहिए, क्योंकि जो व्यक्ति पूजनीय होता है उसकी निंदा देखना या सुनना भी घातक होता है।

ब्राह्मण को क्षत्रिय, वैश्य या शूद्र से बैर भी नहीं बढ़ाना चाहिए। न विवाद करना चाहिए, मिथ्या आरोप के दोष से प्रभावित व्यक्ति के जितने आंसू निकलते हैं, उतना ही पुत्रों तथा पशुओं की दोष लगाने वाले की हानि होती है। इसलिए दोष लगाने की प्रवृत्ति से विवर्जित रहना चाहिए।

ब्राह्मण की हत्या, मदिरापान, चोरी, गुरुपत्नी के साथ रमण अथवा मिथ्या दोष लगाने की प्रवृत्ति का परिणाम भयानक पाप के समान होता है, इसका प्रायश्चित बड़ा ही कठिन तथा असंभव हो जाता है।

ब्राह्मण के ध्यान देने योग्य बातों में उदय अस्त होते सूर्य के जल-बिम्ब को नहीं देखना चाहिए, मध्याकाश में आए सूर्य-चंद्र का दर्शन भी नहीं करना चाहिए, साथ ही अशौच स्थान पर रहते हुए भी इन नक्षत्रों के दर्शन करना वर्जित है।

यदि प्रेत का स्पर्श हो जाए तो शुद्धि के बिना पत्नी का संग नहीं करना चाहिए। क्रोध, मोह, राग-द्वेष, लोभ रंग आदि से अपने को दूर रखना चाहिए। हीन भावना से ग्रस्त भी नहीं रहना चाहिए।

पुत्र या शिष्य को ताड़ना नहीं देनी चाहिए, नाखून से धरती पर नहीं लिखना चाहिए, शिष्यता-विहीन पुरुषों की संगति नहीं करनी चाहिए, हाथ-पैरों को हिलाते नहीं रहना चाहिए तथा जीवन में केवल पेट तथा यौन भूख में ही लिप्त नहीं रहना चाहिए। यथासंभव प्रयास यही रहना चाहिए कि दोष से ब्राह्मण बचा रहे।

रास्ते में चलते हुए पढ़ना, सूने घर में अकेले सोना, पैर-से-पैर रगड़ना, गाय तथा ब्राह्मण को दुत्कारना, अशुद्ध अवस्था में स्वाध्याय तथा भोजन करना, जूठे मुख से देव मूर्ति के दर्शन तथा स्पर्श, हड्डियों, राख, कपाल, केश आदि को छूना, भोजन के समय हंसना, दूसरी स्त्री से मधुर भाषण, मंदिर में जाकर भी परिक्रमा न करना आदि ब्राह्मण के लिए विवर्जित कर्म हैं, इनसे यथासंभव बचना चाहिए। केवल आपत्तिकाल को छोड़कर ब्राह्मण को चाहिए कि वह किसी शूद्र का अन्न ग्रहण न करे।

ऐसा करने से अगले जन्म में शूद्र के यहां जन्म होता है। जो 6 मास तक शूद्र का भोजन करता है वह जीवनकाल में ही शूद्रत्व को प्राप्त हो जाता है। मरने के समय ब्राह्मण के उदर में जिस वर्ण का अन्न होता है, पुनर्जन्म ग्रहण करने पर वह उसी वर्ण में जन्मता है। इसमें नट, नर्तक, बढ़ई, मजदूर, चपरासी, वेश्या के दलाल तथा वेश्या के अन्न का सर्वथा परित्याग करना चाहिए। रथवान, धोबी, चोर, रोगी, छली महिला, देव निंदक नास्तिक, चांडाल, पत्नी की कमाई पर निर्भर रहने वाले व्यक्ति का अन्न भूलकर भी नहीं खाना चाहिए। संतानहीन, शस्त्र विक्रेता, गुरु, भिक्षुक प्रजा को पीड़ा पहुंचाने वाला तथा हिंसक व्यक्ति के अन्न के सेवन के लिए दोषी माना गया है, अर्थात जो जिसका अन्न खाता है वह वास्तव में उसके पाप खाता है। इसलिए उसी व्यक्ति का अन्न ग्रहण करना चाहिए जिसके पापों को सहन करने की क्षमता होती है।

भोजन के लिए ब्राह्मण को चाहिए कि वह सत्तू, दूध तथा खीर का ही सेवन करें, तामसिक भोजन-मांस, मछली, अंडा आदि का परित्याग करे। रात्रि के समय तिल, दही तथा दूध-दही का साथ में सेवन न करें। रोग पीड़ित, रजस्वला तथा मलिन वृत्ति की स्त्री द्वारा पकाया भोजन भी कभी ग्रहण नहीं करना चाहिए।

मनु महाराज ने बताया है कि पशुओं में मलय, मयूर, तिसिर तथा द्वीपों आदि के मांस का ही भक्षण किया जा सकता है, मांस खाने से पहले उसका साफ करना, धोना तथा पूरी तरह पकाना देख लेना चाहिए तथा देवों को उसका विधिवत् प्रसाद अर्पित कर देना चाहिए, यह भी ध्यान रहे कि इन जंतुओं के मांस का भक्षण करने में केवल आपत्तिकाल में ही स्वीकार्य माना गया है। यदि जब प्राणों पर संकट बन पड़े अन्य कुछ मध्य उपलब्ध न हो तब ही इनका मांस भक्ष्य की कोटि में आता है, अन्यथा नहीं।

भक्ष्य के साथ-साथ देव भी विचार के योग्य हैं, मद्य अथवा मादक पेय पदार्थ का सेवन अपेय की कोटि में आता है, ऐसा करने वाला प्राणी घोर पतितों की कोटि में आता है। ऐसा व्यक्ति किसी भी शुभ कर्म का अधिकारी नहीं रह जाता। उसका अधट्ठा पतन हो जाता है।

आवागमन के बंधन से मुक्ति के लिए ब्राटेमण के लिए करणीय आचरण की चर्चा करते हुए व्यास ने बताया कि आत्म-कल्याण के लिए ब्राह्मण को चाहिए कि वह वर्णाश्रम व्यवस्था के अनुरूप अपने कर्मों का कठोरता से पालन करे।

ब्राह्मण को सुबह जल्दी उठकर भगवान का भजन करना चाहिए। सुबह जल्दी उठकर शौंच आदि के उपरांत सबसे पहले उसे स्नान करना चाहिए।

शास्त्रों में कहा गया है कि सुबह जल्दी स्नान करने से पापियों के पाप भी धुल जाते हैं। स्नान किए बिना हवन, यज्ञ आदि करने का कोई लाभ नहीं होता है। यदि किसी खास कारण से स्नान न कर सके तो सिर को भिगो लेना चााहिए तथा सारे शरीर को गीले कपड़े से पोंछकर कपड़े बदल लेने चाहिए। शास्त्रों के अनुसार स्नान छः प्रकार के होते हैं–सबसे पहले बाह्य स्नान है, इसमें गीले कुशों से मंत्रों का उच्चारण करते हुए शरीर को धोना चाहिए।

आग्नेय स्नान में पैरों से मस्तक तक भस्म लगानी चाहिए। वायण्य में, वर्षा के जल से नहाना चाहिए। वारुण में नदी, तालाब में डुबकी लगाकर स्नान करना चाहिए। अंत में यौगिक स्नान में योग, चिंतन में लीन होकर कुएं के जल से स्नान करना चाहिए। इनमें वरुण स्नान को सबसे अच्छा माना गया है। नदी के तट पर जाकर दांतों को मंजन से साफ करने के बाद आचमन करना चाहिए। दातुन की लम्बाई बारह अंगुल की होनी चाहिए तथा वह क्षीर वृक्ष, मालती, अपामार्ग या बेल के वृक्ष की होनी चाहिए। स्नान करने के पश्चात देवों, ऋषियों, पितरों का तर्पण करके फिर आचमन करना चाहिए और गीले कुशों से स्वयं को साफ करके "आपो दृष्टामयो भूवा" मंत्रों से, सावित्री तथा वरुण की पूजा करने वाले मंत्रों से तथा गायत्री मंत्रों से आहुतियां देनी चाहिए।

सूर्य भगवान को जल चढ़ाते समय गायत्री मंत्र का जाप करना चाहिए। ब्राह्मण को चाहिए कि वह तीन बार प्राणायाम करने के पश्चात् संध्या, वंदना आदि करे। संध्या के पश्चात पूर्व दिशा की ओर मुख करके गायत्री मंत्र का जाप करना चाहिए। सूर्य के उदय होने पर सूर्य की ओर मुख करके गायत्री जाप तथा भगवान सूर्य देव को प्रणाम करना चाहिए। सूर्य की पूजा करने के पश्चात ब्राह्मण के घर आकर आचमन करके विधिवत हवन करना चाहिए। ऋत्विक, होता, ब्रह्मा और अध्वर्यु के साथ इस यज्ञ को विधि-विधान द्वारा संपन्न करना चाहिए।

इसके पश्चात देवताओं की पूजा तथा अपने बड़ों का आदरपूर्वक सम्मान करके अपने अन्य कार्यों में लग जाना चाहिए। मध्याह्न के समय उसे किसी नदी के किनारे स्नान करना चाहिए। स्नान के समय मिट्टी, फूल, अक्षत, कुश और तिल भी साथ ही रखने चाहिए। सिर से नाभि तक मिट्टी का लेप करके भजन आदि करने के पश्चात आचमन करना चाहिए। स्नान के समय "त्वं यज्ञस्तवं वषट्कार आपो ज्योतीरसोऽमृतम" मंत्र का आचरण करके श्री नारायण भगवान को याद करना चाहिए।

इसके पश्चात् गायत्री मन्त्र का जाप करके अंजलि में फूल लेकर सूर्य भगवान को समर्पित करते हुए ''तच्चक्षुर्देवहित पुरस्तात'' मन्त्र को भी बोलना

चाहिए। देव, ऋषि, पितृ-तर्पण करके भगवान नारायण का पूजन करना चाहिए। ब्राह्मण को भोजन कराकर, फिर स्वयं भोजन करके, कुछ देर आराम करने के बाद फिर से अपने धन-उपार्जन के काम में लग जाना चाहिए। शाम के समय फिर से इसी क्रिया द्वारा स्नान, ध्यान, पूजन, अर्चन आदि करना चाहिए। शास्त्रों के अनुसार तीन समय स्नान, पूजन करना चाहिए।

ऐसा न करने वाला ब्राहमण नरक को भोगता है। यदि ब्राह्मण अतिथि और भूखे को भोजन नहीं कराए और स्वयं भोजन कर ले तो उसे शूकर की योनि मिलती है। सभी प्रकार की बुराइयों का त्याग करके नियमपूर्वक अपने सभी कर्मों को यथावत करने वालों का ही कल्याण होता है। भोजन करते समय भी कुछ बातों का विशेष ध्यान रखना चाहिए।

पूर्व की ओर मुंह करके, साफ-सुथरी जमीन पर आसन बिछाकर बैठते हुए भूमि पर ही अपना बर्तन रखकर भोजन करना चाहिए। स्नान, ध्यान, पूजन, अर्चन करने के पश्चात् स्वाद से भोजन करना उपवास करने के ही समान है। भोजन करने के स्थान को अच्छी तरह से पवित्र करके हाथ-पैर धोकर ही भोजन करने बैठना चाहिए। भोजन करते समय क्रोध नहीं करना चाहिए, तथा आंचमन में मुंह गीला करके ही भोजन करना चाहिए। भोजन के पश्चात् भी उठने से पहले आचमन करना चाहिए।

जो व्यक्ति केवल खाने के लिए खाता है, उसका जीवन बेकार है। बुद्धिमान ब्राह्मण को आधी रात के समय, दोपहर में, पेट खराब के समय, सायंकाल, अंधेरे में तथा किसी गाड़ी में भोजन नहीं करना चाहिए। भोजन करने के पश्चात् थोड़ा आराम करना भी आवश्यक माना गया है। वेद, पुराण, इतिहास, शास्त्र का अध्ययन करने के पश्चात् सोने से पहले सन्ध्या और जाप भी अवश्य करना चाहिए। सन्ध्या वन्दना न करने वाला तथा आलस्य और बिना रुचि के भोजन करने वाला व्यक्ति योनी में उत्पन्न होकर नर्क के कष्टों को भोगता है।

श्राद्ध कल्प के बारे मे बताते हुए व्यास ने कहा कि-जो हमें जन्म देते हैं, पालन-पोषण करते हैं और अपनी कमाई हुई सारी सम्पत्ति उत्तराधिकार में देकर पुण्य लोक को चले जाते हैं उन्हीं को याद करने का अवसर श्राद्ध कल्प कहलाता है। ब्राह्मणों के लिए अमावस्या के दिन श्राद्ध करने का विधान है। अमावस्या के दिन जो भी दान आदि किए जाते हैं वे फलदायक होते हैं। कृष्णपक्ष की प्रतिपदा तथा मेघा नक्षत्र की त्रयोदशी को श्राद्ध करना अधिक अच्छा माना गया है। सूर्य ग्रहण और चन्द्र-ग्रहण होने पर भी लोगों को भोजन कराने का फल होता है। संक्रान्ति और जन्म-दिन पर जो श्राद्ध किए जाते हैं वे भी विशेष महत्त्व रखते हैं।

कृत्तिका नक्षत्र में श्राद्ध करने से स्वर्ग, रोहिणी नक्षण में करने से सन्तान, आर्द्रा नक्षत्र में श्राद्ध करने से रिद्धि-सिद्धि, पुनर्वसु में भूमि, पुष्प में लक्ष्मी, आश्लेषा में धन, फाल्गुनि में सौभाग्य, हस्त में पापनाश, चित्रा में जाति श्रेष्ठता, स्वाति में सन्तान, विशाखा में व्यापार की वृद्धि, ज्येष्ठा में स्वर्ण, मूल में स्वर्ण, षाढ़ में मित्र समुदाय तथा विश्वेदेव नक्षत्रों में श्राद्ध कर्म करने वालों की सभी इच्छाएं पूरी हो जाती हैं।

रविवार को श्राद्ध करने से आरोग्य, सोमवार को सौभाग्य, मंगलवार को विजय, बुधवार को सभी इच्छाओं की पूर्ति, बृहस्पतिवार को अच्छी विद्या, शुक्रवार को धन और शनिवार को श्राद्ध कर्म करने वालों को आयु तथा धन की प्राप्ति होती है। सभी तिथियों में श्राद्ध करने वालों को सभी प्रकार के सुखों की प्राप्ति होती है।

जिनकी मृत्यु किसी हथियार से हुई हो उनका श्राद्ध चर्दतुशी के दिन ही किया जाता है। सभी शुभ कार्य करने से पहले श्राद्ध कर्म अवश्य करना चाहिए। रोजाना किए जाने वाले श्राद्ध को नित्य, किसी कामना को लेकर किए जाने वाले श्राद्ध को काम्य, शुभ अवसर पर किए जाने वाले श्राद्ध को नैमित्तिक तथा त्योहार पर किए जाने वाले श्राद्ध को पार्वण कहा जाता है। वैसे तो मनु श्राद्ध की संख्या पांच बताई है, इसके अतिरिक्त भी श्राद्धों के तीन भेद और माने जाते हैं।

जो श्राद्ध यात्रा में किए जाए, मन और धन की शुद्धि के लिए किया जाने वाला श्राद्ध तथा मुक्ति के लिए किया जाने वाला श्राद्ध। शाम के समय और रात को श्राद्ध नहीं करना चाहिए। जो श्राद्ध अपने देश से दूसरे देश या विदेश में किए जाते हैं उनके फल भी अलग़-अलग होते हैं। गंगा में किया जाने वाला श्राद्ध क्षयहीन होता है। जो पुत्र प्रयाग तथा अमरकण्टक में श्राद्ध करते हैं उनके पितर उनसे बहुत खुश होते हैं। गया में किए जाने वाले श्राद्धों से पितरों की मुक्ति हो जाती है।

वाराणसी में शंकर भगवान का वास होने से वहां पर किया गया श्राद्ध अधिक फलदायक होता है। वाराह पर्वत, गंगाद्वार, प्रभास, विल्वक, नीलपर्वत, कुरुक्षेत्र, भृगुतंग, केदार, फल्गुतीर्थ, नैमिषारण्य, पुष्कर, नर्मदा, श्रीपर्वत, वैत्रवती, विशाखा तथा गोदावरी नदियों एवं तीर्थों पर जो लोग श्राद्ध करते हैं उनके पितर प्रसन्न होकर आशीर्वाद देते हैं। चावल, जवे, मूंग के दाने, काले उड़द के दाने, गेहूं के दाने तथा तिल से सदा ही पितरों का तर्पण करना चाहिए। इस से पितर प्रसन्न और सन्तुष्ट होते हैं।

श्राद्ध करते समय आम का रस, गन्ने का रस, अनार का रस, ऋतु के अनुसार फलों का रस भी होना चाहिए। पितरों के समक्ष शहद मिली खीलें चीनी मिला सत्तू तथा लड्डू भी अर्पित करने चाहिए।

चन्द्रमा के अस्त होने से पहले ही उठकर स्नान आदि करके पितरों का तर्पण करने के लिए वेद-ज्ञानी ब्राह्मण के द्वारा तर्पण क्रिया को पूर्ण करें। जो ब्राह्मण लोग श्राद्ध कर्म कराते हैं वे पतिपावन कहे जाते हैं।

रजोगुण से दूर तथा धर्म के ज्ञाता, शान्तचित वाले, व्रत आदि करने वाले, नियम धर्म से रहने वाले ब्राह्मण ही सही अर्थ में श्राद्ध कर्म कराने के योग्य होते हैं। ऐसे ब्राह्मण तप करने वाले, सभी वेदों का नियमपूर्वक पालन करने वाले, अग्निहोत्री, सत्य बोलने वाले, पुराणों में आस्था रखने वाले, हिंसा न करने वाले, पिता के भक्त, सत्य बोलने वाले, आचारवान, धर्म में आस्था रखने वाले, सावित्री का पूजन करने वाले तथा भगवान श्री महादेव का पूजन करने वाले होते हैं। यदि सभी योग्यताओं और विशषेताओं से युक्त ब्राह्मण श्राद्ध कर्म कराते समय न मिले तो तत्त्वों के ज्ञाता और शान्त प्रकृति वाले योगी को बुलाकर ही यह कर्म सम्पन्न कराना चाहिए। इस प्रकार के योगी के न मिलने पर किसी वानप्रस्थी को भोजन कराना चाहिए। वानप्रस्थी के भी न मिलने पर किसी मोक्ष के इच्छुक गृहस्थ को ही भोजन करा देना चाहिए। इसके पश्चात् अपने अधिक-से-अधिक रिश्तेदारों को बुलाकर भोजन कराना चाहिए। जो ब्राह्मण ध्यान-पूजन, यज्ञ-होम आदि कर्म नहीं करते, ऐसे ब्राह्मण को बुलाकर भोजन कराने से पितर की आसुरी योनि प्राप्त होती है।

शराब की सेवन करने वाले, वेश्या के पास जाने वाले, हिंसा में विश्वास रखने वाले, लंगड़े, काने कुबड़े रोगी मित्र के साथ द्वेष रखने वाले झूठ बोलने वाले, माता-पिता-गुरु का आदर न करने वाले चरित्रहीन, मांगने वाले, जिनके सन्तान न हों, वेदों की निन्दा करने वाले, भगवान में विश्वास न रखने वाले तथा किसी का अहसान न मानने वाले ब्राह्मणों को कभी भी श्राद्ध कर्म में बुलाकर भोजन नहीं कराना चाहिए और न ही किसी भी प्रकार की दक्षिणा देनी चाहिए। श्राद्ध को करने से पहले ही घर की भली प्रकार सफाई करनी चाहिए तथा पहले से ही ब्राह्मण को कर्म सम्पन्न कराने के लिए निमन्त्रण दे देना चाहिए। इससे पितर लोग श्राद्ध के अन्न को ग्रहण करने के लिए उसी समय उपस्थित हो जाते हैं जिस समय ब्राह्मण लोग भोजन कर रहे होते हैं और वायु के आकार में उपस्थित होकर भोजन कर लेते हैं। जो ब्राह्मण श्राद्ध कर्म करने के लिए बुलाये जाते हैं उन्हें क्रोध, मैथुन, घमण्ड और अहंकार को छोड़ देना चाहिए। ब्राह्मणों को चाहिए कि एक घर का निमन्त्रण

स्वीकार करने के पश्चात् किसी दूसरे घर से आए निमंत्रण को स्वीकार न करें। जो ब्राह्मण दो घरों के निमंत्रण को स्वीकार कर लेते हैं उन्हें नरक की घोर यातना को सहते हुए शूकर योनि को भोगना पड़ता है जो ब्राह्मण श्राद्ध कर्म करते हैं उन्हें समागम करने पर ब्रह्म-हत्या का पाप लगता है। मरने के पश्चात् उनका जन्म पक्षी-योनि में होता है। ब्राह्मण के कलह करने पर उसके पितर मास की इच्छा करने लगते हैं।

श्राद्ध के दिन जमीन को भली प्रकार साफ करके चारों ओर तिल बिखेरकर उन पर खाने का सामान रखना चाहिए। सबसे पहले 'असाध्वम' के कहने से पितर लोग अपना स्थान ग्रहण कर लेते हैं। इसके पश्चात् साबुन, तेल, मंजन, उबटन तथा जल उनके समक्ष प्रस्तुत करने चाहिए। तिलोदक से दक्षिण की ओर कुशों को करके पितरों को उन पर बैठने का अनुरोध करना चाहिए। इसके पश्चात् ब्राह्मणों को श्रद्धापूर्वक भोजन कराना चाहिए। यदि कोई भिक्षा मांगने वाला तथा भूखा वहां आ जाये तो उसे भी प्रेमपूर्वक भोजन कराना चाहिए। जो जन अतिथि को भोजन न कराकर स्वयं भोजन कर लेते हैं वे काक योनि में जन्म लेते हैं। गाय, कौए तथा कुत्ते के लिए बनाए गए भोजन को ब्राह्मणों के भोजन कराने के पश्चात् कराना चाहिए। इसके पश्चात् यज्ञोपवीत को दायें कन्धें पर डालकर पितृयज्ञ करना चाहिए। इसमें मंत्र के अन्त में स्वाहा न बोलकर स्वधा बोलना चाहिए। यज्ञ के समाप्त हो जाने पर बचे हुए भोजन के तीन पिण्ड बनाकर दक्षिण दिशा में छोड़ आने चाहिए। श्राद्ध कर्म के पूर्ण हो जाने पर पितरों से क्षमा मांगते हुए उन्हें विदा करके ब्राह्मणों को तिल, शर्करा, फल फूल और पान से प्रसन्न करके विदा करना चाहिए तथा फिर अपने परिवार के साथ खुशी से भोजन करना चाहिए।

अशौच कल्प के बारे में बताते हुए व्यास ने कहा कि हे मुनियों ! ब्राह्मणों में किसी सपिण्डी (पिण्ड दान करने वाला) के जन्म लेने पर या मरने के दस दिन तक अशौच रहता है अर्थात् अपवित्रता रहती है। ऐसे समय में कोई भी शुभ कर्म नहीं करना चाहिए। पूजन, अर्चन, स्वाध्याय, सन्ध्या, यज्ञ, तप आदि का भी करना वर्जित है। बच्चे का जन्म होते ही पिता की मृत्यु हो जाने पर माता सूतक ग्रस्त हो जाती है। बिना दांत निकले छोटे बालक की मृत्यु हो जाने पर सपिण्डियों का शौच केवल एक ही रात का होता है। गर्भपात हो जाने पर जितने मास का गर्भपात हुआ हो उतने ही मास तक अशौच रहता है। लेकिन स्नान कर लेने के पश्चात् तुरन्त ही शुद्धि हो जाती है। वृद्ध व्यक्ति जो मरने योग्य हो उसकी मृत्यु हो जाने पर तीन ही रात में शुद्धि हो जाती है। कुंवारी कन्या के देहान्त हो जाने पर एक दिन का अशौच रहता है। दादी-नानी के मरने पर तीन दिन तक का अशौच रहता है।

ब्राह्मणों के यहां दस दिनों में राजन्य वर्ग में बारह दिनों में, वैश्यों की पन्द्रह दिनों में तथा शुद्र लोगों की शुद्धि एक महीने में होती है। मरे हुए व्यक्ति को छू लेने पर अथवा अनाथ ब्राह्मण की क्रिया करने के पश्चात् केवल यज्ञ, होम करने और स्नान करने से ही शुद्धि हो जाती है। जो व्यक्ति मृत व्यक्ति की हड्डियां इकट्ठी करता है वह तीन रातों में शुद्ध होता है। लेकिन जो व्यक्ति हड्डियां इकट्ठी करने वालें के साथ भोजन करता है। वह स्नान करने के पश्चात् शुद्ध हो जाता है जो व्यक्ति दाह क्रिया करता है उसकी सपिण्डता छः स्तरों तक चलती है। पिता, दादा, परदादा, बेटा, पोता तथा परपोता ये ही शौचाशौच के लिए सपिण्डी कहलाते हैं।

अलग-अलग वर्ण के लोगों का आपस में सम्बन्ध होने पर तीसरे स्तर तक के सपिण्डी को शौच लगता है। वैद्य, शिल्पी, दास, दासियां, याज्ञिक, व्रत करने वाले, राजा और ब्रह्मचर्य का पालने करने वालों को स्नान करते ही शुद्धि मिल जाती है। यज्ञ, विवाह तथा अकाल आदि में शौच नहीं लगता। सांप के काटने से मृत्यु होने पर स्नान करने से शुद्ध हो जाती है और अशौच नहीं लगता। वर्ण-जाति के बाहर किए गए लोगों का न तो दाह कर्म करने का विधान है और न ही हड्डियां एकत्र करने का। ऐसे व्यक्ति के लिए रोना, पिण्डदान करना और श्राद्ध कर्म करना व्यर्थ है। आग या जहर आदि से हत्या करने पर भी अशौच नहीं लगता तंथा किसी भी प्रकार की क्रिया-कर्म नहीं किया जाता है। यदि भूल से आग या जहर से किसी की मृत्यु हो जाती है तो उसके सम्बन्धियों को अशौच लगता है और उसके सभी कर्म भी करने पड़ते हैं। द्विजातियों को सुबह शाम नियम पूर्वक अग्निहोम करना चाहिए। नये अन्न के आने पर अग्नि में उसकी आहुति देने के पश्चात् ही उपयोग में लाना चाहिए। जो जन ऐसा नहीं करते वे दुःखी रहते हैं। यज्ञ की अग्नि में अन्न की आहुति देने से देवता, पितर, ऋषि, भूत, प्रेत, यक्ष, पिशाच सभी संतुष्ट होते हुए कल्याण की कामना करते हैं।

सपिण्डियों को चाहिए कि मृत व्यक्ति के सभी क्रिया-कर्म विधि पूर्वक करे। दस दिन तक सभी संबंधियों को साथ-साथ रहना चाहिए। पहले दिन मृत व्यक्ति का दाह-कर्म, दूसरे दिन क्षौर कर्म, चौथे दिन अस्थियां एकत्र करना, पांचवें, नवें और ग्यारहवें दिन ब्राह्मण को भोजन कराना चाहिए। दस दिन तक अशौच की स्थिति में रहने के पश्चात् ग्यारहवें दिन स्नान करके देवों का दर्शन करना चाहिए। जिस तिथि को पिता का देहांत हुआ हो, प्रत्येक महीने की उसी तिथि को पुत्र को पिंडदान करना चाहिए। पुत्र के अभाव में पत्नी, पत्नी के अभाव में भाई और भाई के अभाव में संबंधी भी इस कार्य को कर सकते हैं।

इन सभी बातों को ध्यान में रखकर किए गए श्राद्ध कर्म पूर्ण रूप से सफल होते हैं। श्रद्धापूर्वक, नियमपूर्वक श्राद्ध कर्म के करने से प्राणी पितृ ऋण से उऋण हो जाता है तथा पितरों को भी सुख शांति प्राप्त होती है।

होम की महत्ता का वर्णन करते हुए व्यास ने कहा कि–अग्नि होम करना सबसे बड़ा पुण्य कर्म है। सोम से ही अग्निदेव की पूजा-अराधना करनी चाहिए। मांस के प्रयोग से बचना ही अच्छा है। पुराणों, धर्मशास्त्रों और वेदों के अनुसार ब्रह्म की उपासना ही सच्चा तत्व ज्ञान है। मनुष्य जो कुछ भी प्राप्त करता है, उसे ही ब्रह्म को अर्पण करना ब्रह्मोपासना कहलाता है। मनुष्य को धर्मग्रंथों के प्रति आस्था रखते हुए भजन के प्रति अधिक ध्यान रखना चाहिए।

द्विजातियों की जीविका वृत्त का उल्लेख करते हुए व्यास ने गृहस्थ में साधक तथा असाधक दो प्रकार के रूप बताए। इसमें साधक गृहस्थ ब्राह्मण; अध्यापन, यज्ञादि करने कराने दान ग्रहण आदि कार्य से अपनी जीविका चला सकता है तथा असाधक जीविका विधि में खेतीबाड़ी, व्यापार आदि के कार्य को अपना सकता है। यदि गृहस्थ ब्राह्मण साधक नहीं है, तो उसे साधक कोटि की वृत्ति अपनाने का कोई अधिकार नहीं, साधक के लिए कृषि व्यापार का आश्रय तो आपत्ति काल में ही ग्रहण करना चाहिए और यदि साधक ब्राह्मण साधना करते हुए भी कृषि तथा व्यापार के लिए समय निकाल लेता है और अपनी वृत्ति के रूप में अपनाता है तो अपनी आय का 20वां अंश अपने पितरों, देवों के निमि़त्त रख देने मात्र से वह सभी दोषों से मुक्त होता है।

इसके विपरीत यदि असाधक ब्राह्मण के पास कृषि अथवा व्यापार के साधन नहीं हैं तो उसे खेत में किसान के फसल काटने के बाद बचे इधर-उधर बिखरे अन्न कणों को इकट्ठा करके एक दिन में जो भी प्राप्त हो जाए उसी से अपनी उदर-पूर्ति करनी चाहिए। किसी से याचना करने वाला ब्राह्मण मरा ब्राह्मण कहलाता है तथा जो भूखों मरना पसंद करें, लेकिन किसी से याचना करते हुए हाथ न फैलाए, ऐसे ब्राह्मण को अमृत ब्राह्मण कहा जाता है।

ब्राह्मण चाहे साधक हो या असाधक, उसे संग्रही प्रवृत्ति का नहीं होना चाहिए। उसके यहां कभी एक कुंभ (मटका) धान्य से अधिक नहीं होना चाहिए। यदि इस प्रकार उसे अन्नादि के लिए याचना भी करनी पड़े तो संयत रूप से आचरणवान रहते हुए प्राप्त अन्न से पितर तथा देवों का अंश उन्हें देते हुए सेवन करना चाहिए अथवा वह अगले जन्म में कुत्ते की योनि को प्राप्त करता है।

दान के संबंध में बताते हुए वेदव्यास ने बताया, सुपात्र व्यक्ति को श्रद्धा-भक्तिपूर्वक समर्पित किया गया धन ही दान है। इसमें दान ग्रहण करने

वाला अधिकारी ब्राह्मण हो तथा दान देने वाला श्रद्धालु हो तो वे ही मुक्ति के अधिकारी होते हैं। देखा जाए तो जो धन श्रद्धाभक्ति से विशिष्ट सदाचारी व्यक्तियों को दिया जाता है वही दान कहलाता है, इस प्रकार धन को वास्तविक उपयोगिता दान में ही है। व्यास ने दान के तीन प्रकार बताए–फल की इच्छा बिना किया गया दान 'नित्य' कहलाता है। पाप क्लेश तथा कष्टादि से निवृत्ति के ब्याज से किया गया दान 'नैमित्तिक' कहलाता है तथा संतान, विजय तथा वैभव-ऐश्वर्य की प्राप्ति हेतु ऋषि-मुनियों की सेवा में समर्पित किया जाने वाला दान काम्य कहलाता है।

इसमें भी भगवान श्री विष्णु को प्रसन्न करने के लिए पूर्ण श्रद्धा भक्ति से निष्काम भाव से तत्व-ज्ञानी विद्वान ब्राह्मणों को दिया जाने वाला दान विमल और शिव दान कहा जाता है। सुपात्र के प्राप्त हो जाने पर उसे अपनी शक्ति के अनुरूप दान अवश्य देना चाहिए। इस प्रकार के दान से कुल को प्रायश्चित करने वाला और उद्धारक पुत्र प्राप्त होता है। यह भी कहा गया है कि परिवार के पालन-पोषण से बचा धन ही दान देने योग्य होता है। पुण्यदायी भी होता है।

यदि परिवार की उपेक्षा करके दान किया जाता है, वह सात्त्विक होने पर भी पुण्यदायी नहीं होता, क्योंकि परिवार के जिन सदस्यों की आवश्यकता की पूर्ति नहीं हो पाती उनकी सद्भावना नहीं रहती, अतः दान सार्थक नहीं हो पाता।

अच्छे कुल में जन्मे, विनयशील, तपस्वी, व्रतधारी तथा दरिद्र ब्राह्मण को दिया गया, श्रद्धा-भक्तिपूर्वक दान उत्तम कहलाया जाता है। प्रतिदिन नियम पूर्वक यज्ञ करने वाले ब्राह्मण को भूमि दान देने से व्यक्ति परमपद को पाकर मोक्ष लाभ करता है। वेद के ज्ञानी ब्राह्मण को गन्ना, जौ, गेहूं आदि उपज पैदा करने वाली भूमि दान में देने से व्यक्ति सांसारिक आवागमन से मुक्ति पा लेता है। वास्तव में भूमि दान सबसे बड़ा दान है।

इसकी तुलना अन्न दान से की जा सकती है, विद्या दान का महत्व अन्न दान से भी अधिक होता है। धर्म पर आचरण करने वाला और पवित्र मन के ब्राह्मण को विद्या दान करने वाला ब्रह्मलोक का वासी हो जाता है। ब्रह्मचारी को श्रद्धापूर्वक अन्न दान करने वाला पाप मुक्त हो जाता है, आवश्यकता पड़ने पर किसी सुपात्र गृहस्थ को भी अन्न दान किया जा सकता है, इसका भी पुण्य फल होता है।

व्यास ने कहा कि हे विप्रवर! वैशाख संक्रांति एवं पूर्णिमा के दिन पांच या सात शुद्ध पवित्र ब्राह्मणों को भोजन के लिए निमंत्रण करके, काले तिलों

तथा मधु से हवन करते हुए गंधादि से समर्पित पूजन करके हे धर्मराज! आप मुझपर प्रसन्न हों, जो कुछ भी मेरे मन में है, वह मुझे प्राप्त हों कहते हुए आमंत्रित ब्राह्मण को शुद्ध मन से भोजन कराना चाहिए। इससे जीवन-भर के कष्ट समाप्त हो जाते हैं। जो भक्त काले तिल एक चर्म पात्र में भरकर स्वर्ण या दूध देने वाली गाय ब्राह्मण को दान देता है वह तत्काल सभी पापों से मुक्त हो जाता है।

वैशाख मास में पके अन्न का दान करने वाला भयरहित हो जाता है, स्वर्ण तथा तिलों से भरे जलपात्र को धर्मराज के निमित्त भेंट करने वाला ब्रह्म हत्या के पाप से मुक्त हो जाता है। जो व्रती होकर काले तिलों से शुभ वस्त्र धारण करके होम करता है तथा वेद पाठन करने वाले धार्मिक ब्राह्मण को दान देता है वह भी जन्म भर के लिए पापों से तत्काल निवृत्त हो जाता है।

माघ मास की अमावस्या के दिन भगवान महादेव शंकर को ध्यान में रखकर उनके निमित्त ब्राह्मणों को दान से तुष्ट करने वाला सात जन्मों के पापों से मुक्त हो जाता है, चतुर्दशी को स्नान करके ब्राह्मणों के माध्यम से भगवान शंकर की आराधना करने वाला और शंकर भक्त ब्राह्मणों का दान-दक्षिणा देकर संतुष्ट करने वाला पूर्णरूप से मुक्त हो जाता है, वह फिर पुनर्जन्म के आवागमन में नहीं पड़ता है।

एकादशी के दिन निराहार रहकर पुरुषोत्तम श्री नारायण को लक्ष्य करके ब्राह्मणों को दान करने वाला अनन्त फल को पाता है। ब्राह्मण ही देवता रूप होते हैं। ऐसा मानकर देवता की प्रतिमा का विधिपूर्वक स्थापन कराके दान-पूजन, स्तुति आराधन करने से सभी पुण्य फल प्राप्त होते हैं। देवता ही पृथ्वी पर ब्राह्मण रूप में जन्म लेते हैं।

आचरणशील ब्राह्मण के न मिल पाने की दशा में भी देव विशेष की प्रतिमा को स्थापित करके उसकी पूजा-अर्चना से सभी मनोरथ पूरे होते हैं।

इंद्र से विभूति, ब्रह्मा से ब्रह्म तेज, सूर्य से आरोग्य, अग्नि से धेनु, गणेश से सर्व कर्म सिद्धि, शिव से ज्ञान, विष्णु से योग-क्षेम, शिव-केशव से युक्ति मुक्ति, चंद्र से भोग, वायु से बल मनोरथ के रूप में प्राप्त होते हैं। इसी प्रकार दान किए गए पदार्थ का भी महत्व है—जल के दान से तृप्ति, तिल से अभीष्ट संतति, भूमि से सकल मनोरथ, गृह से उत्तम तथा सुखदायी आवास और मन की शांति, गौ से लक्ष्मी, धान्य से चिर सौख्य, ईंधन से अजीर्णता, औषध से रोग शांति, अन्न से अक्षय सुख, दीप से प्रकाश, स्वर्ण से दीर्घायु, रजत से सौंदर्य, अश्व से विविधयान, शय्या से रूपवती भार्या, विद्या से ब्रह्मत्व, शाक-फल आदि से आनन्द, छत्र उपानह से सुखद छाया का पुण्य प्राप्त होता होता है।

इस प्रकार मनुष्य के लिए उपयोगी पदार्थ सामर्थ्य के अनुसार अवश्य दान में देने चाहिए, लेकिन यह ध्यान रहे कि ये सभी दान श्रद्धापूर्वक तथा सुपात्र को ही देने से फल मिलता है।

व्यास ने विप्रों को संबोधित करते हुए कहा–''दान धर्म से बड़ा संसार में अन्य दूसरा कल्याण का मार्ग नहीं है।'' स्वर्ग, आयु, ऐश्वर्य आदि की कामनाएं पूर्ण करने के लिए भी दान का बड़ा महत्व है। जो मूर्ख मति दुर्भिक्ष के समय अन्न के अभाव में प्राण खो रहे प्राणियों को सामर्थ्य के अनुसार अन्न दान से तुष्ट नहीं करता वह निंदा तथा त्याग के योग्य है, वह नास्तिक और लम्पट कहलाता है, वह सीधा नरक में जाता है। इसके निवारण के लिए दान में प्रवृत्ति से ही लाभ होता है।

वानप्रस्थाश्रम कर्म योग–मनुष्य का अपनी आयु का एक चौथाई भाग ब्रह्मचर्य तथा दूसरा चौथाई हिस्सा गृहस्थ में व्यतीत करने पर, तीसरे, चतुर्यांश में प्रवेश, वानप्रस्थ कहलाता है। इसमें पत्नी के साथ या एकाकी ही व्यक्ति वानप्रस्थ में प्रवेश करता है, सर्वोत्तम तो यही है कि इस आश्रम में पुत्रों के हाथों पत्नी को सौंपकर व्यक्ति एकाकी ही प्रवेश करे और वन में जाकर अकेला ही तप साधना करे। फलों आदि का सेवन करे। नियमित आहार का नियम बनाकर उसका कठोरता से पालन करें।

वानप्रस्थी के लिए नित्य-प्रति अतिथियों तथा देवताओं का पूजन स्तवन करके ही भोजन ग्रहण करना चाहिए। गृहस्थ से भिक्षा मांगकर अधिक-से-अधिक आठ ग्रास ही लेने चाहिए। जटाएं धारण करनी चाहिए, केश तथा नाखून नहीं काटने चाहिए, वाणी पर नियंत्रण रखना चाहिए। अनर्गल वार्तालाप से बचते हुए निरंतर स्वाध्याय में लगे रहना चाहिए।

वन में पैदा होने वाले शाक, अन्न, फल, मूल से अग्नि होम तथा पंच-यज्ञ करने चाहिए। वृक्ष की छाल को ही वस्त्र रूप में धारण करना चाहिए। तीन समय स्नान, संध्या वंदन करनी चाहिए। सभी प्राणियों के प्रति स्नेह तथा अनुग्रह का भाव रखना चाहिए। इस आश्रम में जीवन व्यतीत करते हुए इंद्रिय संयम रखना, मैथुन से मुक्ति रखनी चाहिए। जो वानप्रस्थ में रहते हुए पत्नी के साथ समागम करता है उसके सारे व्रत भंग हो जाते हैं।

यदि इस आश्रम में रहते हुए उसकी पत्नी गर्भवती हो जाती है तो वह अस्पृश्य हो जाता है। उसके वंश में जन्मे पुत्रों को वेद के अध्ययन का अधिकार नहीं रहता है। दूसरे की स्त्री से भोग करने वाला वानप्रस्थी तो घोर नरक यातना को पाने वाला हो जाता है। उसे तप्त लोहे की नारी से बांध दिया जाता है और आलिंगन में बांधकर मारा जाता है।

वानप्रस्थी को शिला पर सोना चाहिए तथा रात के चौथे पहर में उठ जाना चाहिए। उसे योग अभ्यास करते हुए रुद्राध्यायी का पाठ करना चाहिए। स्वत: गायत्री का जाप नित्य प्रतिदिन करते रहना चाहिए। उसे कठिन कृच्छ साधना करनी चाहिए जिससे शरीर कृश हो जाए और सभी इंद्रियां तथा वासना समाप्त हो जाए।

संन्यास आश्रम कर्म योग-आयु का तीसरा भाग वनों में व्यतीत करने के पश्चात चौथे भाग में संन्यास आश्रम में प्रवेश करना चाहिए। इस आश्रम में द्विजाति के व्यक्तियों को योगाभ्यास में लगे रहते हुए शांत तथा ब्रह्मविद्या में भी परायण होना चाहिए। उसे एक स्थान पर न रहकर घूमते रहना चाहिए। इस आश्रम में प्रवेश करते समय इस बात का ध्यान रखना चाहिए कि संसार की सभी वस्तुओं से उसका मन पूरी तरह विरक्त हो जाए।

यदि इस आश्रम में प्रवेश करने के पश्चात् भी मन सांसारिक वस्तुओं में रमा रहता है तो यह स्थिति घोर पतन की ओर ले जाने वाली है। वस्त्र भी संन्यासी को गेरुए ही धारण करने चाहिए। संन्यासी भी कई प्रकार के होते हैं। प्रथम ज्ञान संन्यासी हैं जो एकागी, निडर, आत्मचिंतन में लीन तथा निश्चल होते हैं।

दूसरे प्रकार के संन्यासी नियमित रूप से वेदों का पाठ करते हैं, सुख-दुख, हर्ष-शोक, राग-द्वेष आदि भावों से मुक्त रहते हैं, मोक्ष की इच्छा रखने वाले तथा इंद्रियों को वश में रखने वाले होते हैं। ये वेद संन्यासी कहलाते हैं। तीसरे प्रकार के संन्यासी तीनों प्रकार की अग्नियों को अपने अंदर समाहित करके ब्रह्म को अर्पित करते हुए सभी कर्मों का अनुष्ठान तथा यज्ञ आदि निष्काम भाव से करते हैं, वे कर्म संन्यासी कहलाते हैं। इन तीनों प्रकार के संन्यासियों में ज्ञान संन्यासी को सर्वश्रेष्ठ कहा जाता है, क्योंकि ऐसे संन्यासियों के लिए न तो कुछ करने योग्य होता है और न कुछ त्यागने योग्य और न कुछ ग्रहण करने योग्य, न कोई जाति है और ना ही कोई लिंग। ज्ञान संन्यासी दूसरों पर दया न करने वाला, निडर, सभी प्रकार की व्याधियों से मुक्त, ध्यानमग्न, शांत तथा सदैव नंगा रहता है।

उसका भोजन भी बहुत ही सूक्ष्म होता है। तीनों ही प्रकार के संन्यासी मांगकर ही भोजन करते हैं, किसी के द्वारा लाए हुए भोजन को नहीं खाते। संन्यासी को मांसाहारी भोजन नहीं करना चाहिए। किसी वस्तु के प्रति उसका मोह नहीं हो तथा भगवान में अटूट विश्वास हो। जीवन और मृत्यु को सहज भाव से देखना चाहिए।

मृत्यु के आ जाने पर उसे अध्ययन, वचन और श्रवण छोड़ देने चाहिए। ऐसे करने से योगी को सहस्त्र में ही ब्राह्मत्व की प्राप्ति हो जाती है। संन्यासी को त्रिपुंड अर्थात् एक दण्डे में बना त्रिपुष्ड जो देव, पितृ और आचार्य से मुक्ति का सूचक है, धारण करते हुए किसी मंदिर या वृक्ष के नीचे निवास करना चाहिए। मान-अपमान, मित्र-शत्रु की परवाह न करते हुए सबके प्रति एक ही भाव रखना चाहिए।

उसे सभी ओर से ध्यान हटाकर मौन धारण कर लेना चाहिए। चलते समय इस बात का ध्यान रहे कि पैर के नीचे आ जाने से किसी जीव की हत्या न हो, पानी को भी वस्त्र से छान लेना चाहिए। पवित्र वाणी से बोलना, पवित्र व्यवहार करना संन्यासी का मुख्य धर्म है। नित्य स्नान करके, हाथ में कमंडल धारण कर, ब्रह्मचर्य का पालन करते हुए वन में ही अपना ध्यान लगाना चाहिए। संन्यासी को अपनी इंद्रियों को वश में करके लोभ, मोह, अहंकार आदि बुराइयों से दूर रहते हुए आत्मिक ज्ञान की ओर उन्मुख होना चाहिए। तभी मोक्ष की प्राप्ति हो सकती है।

नित्य-प्रति स्नान के पश्चात् मंदिर में जाकर, पवित्र आसन पर आसीन होते हुए, आचमन करके वेदों का पठन-पाठन करना चाहिए। अहिंसा, सत्य, अस्तेय, ब्रह्मचर्य, तप, क्षमा, दया तथा संतोष आदि नियमों का पालन करते हुए पंच-यज्ञ करना चाहिए। "भिक्षा देहि भगवती" कहते हुए भिक्षा मांगनी चाहिए। भिक्षा केवल तीन घरों में ही मांगनी चाहिए तथा भिक्षा लेते समय देने वाले की ओर तथा वस्तु की ओर नहीं देखना चाहिए।

भिक्षा ग्रहण करने के पश्चात् उसे लौटकर अन्न को अपने घर रख देना चाहिए और हाथ-पांव धोकर आचमन करके पूर्व की ओर मुख करके बैठते हुए, अन्न सूर्य भगवान को दिखाकर आठ ग्रासों से पांच प्राणहुतियां करनी चाहिए। तत्पश्चात् भगवान का धन्यवाद करते हुए भोजन करना चाहिए। जानकर या अनजाने में यदि संन्यासी से नियमों का उल्लंघन हो जाता है तो उसे उपवास और रात प्राणायाम के द्वारा प्रायश्चित करना चाहिए।

मन में किसी बुरे भाव के उत्पन्न हो जाने पर चांद्रायण व्रत का अनुष्ठान करना चाहिए। यदि किसी सुंदर स्त्री को देखने से मन में बुरे भाव जन्म ले लें तो उसे परब्रह्म, परमेश्वरदेव, भगवान शंकर का ध्यान करना चाहिए। आत्मा की शुद्धि के लिए संन्यासी को कृच्छ साधना करमी चाहिए।

सच्चे मन से पश्चाताप करने से भगवान शंकर प्रसन्न होकर उसे शुभ कर देते हैं। अपनी इंद्रियों के वशीभूत मनुष्य का अविवेक जन्म ले लेता है तथा वह कई ग़लत काम कर लेता है, परंतु जब विवेक जागता है तो मनुष्य

को अपनी कमजोरियों का अहसास होता है और वह अपने अंदर ग्लानि अनुभव करता है, पश्चाताप की आग से जलने लगता है। प्रायश्चित के द्वारा वह अपने द्वारा किए गए अकरणीय कार्यों से मुक्ति पाना चाहता है।

इस प्रायश्चित की विधि का वर्णन करते हुए व्यास ने बताया कि अच्छे कर्म न करने और बुरे कर्मों के करने से जो दोष लगते हैं वे प्रायश्चित के द्वारा दूर हो जाते हैं। दोषग्रस्त ब्राह्मण को प्रायश्चित अवश्य करना चाहिए, अन्यथा उसे नर्क की घोर यातनाएं भुगतनी होती हैं। अनजाने ब्राह्मण की हत्या करने वाले को अपना नगर-गांव छोड़कर किसी वन में बारह वर्ष तक एकांतवास करना चाहिए।

इस काल में उसे किसी मंदिर, सार्वजनिक स्थान तथा किसी ब्राह्मण के घर नहीं जाना चाहिए। भिक्षा मांगकर अपना पेट भरे तथा उस ब्राह्मण को याद करते हुए अपनी निंदा करे तथा ब्रह्मचर्य का पालन करते हुए भगवान से अपने अपराध के लिए क्षमा मांगे। सच्चे मन से प्रायश्चित करने से ब्रह्महत्या का दोष दूर हो जाता है।

यदि कोई किसी कारण से अपने प्राण नहीं त्याग सकता तो उसे कपालमोचन तीर्थ से ही मुक्ति मिल सकती है। इस तीर्थ में बहुत पहले श्री भैरवनाथ ने ब्रह्मा के सिर को काटकर उसकी प्रतिष्ठा की थी। यहां स्नान करके तथा भगवान शंकर के ध्यान-पूजन और पितृ तर्पण के पश्चात मनुष्य ब्रह्महत्या से मुक्त हो जाता है।

ऋषियों द्वारा पूर्वकाल में भगवान शंकर द्वारा ब्रह्मा के कपाल की पृथ्वी पर प्रतिष्ठा के बारे में पूछने पर श्रीव्यास ने बताया कि–पूर्वकाल में एक बार बहुत से ऋषियों ने मेरु पर्वत पर भगवान ब्रह्मा के पास जाकर भगवान शिव की महिमा का वर्णन किया। भगवान शंकर की ही माया के प्रभाव से ब्रह्मा स्वयं को ही इस संसार का रचयिता, पालक और परमेश्वर मानने लगे और किसी भी अन्य देवता की सत्ता मानने को तैयार नहीं हुए।

ब्रह्मा में इस प्रकार अहंकार उत्पन्न हो जाने के कारण भगवान शंकर उनके पास जाकर बोले कि आपके अज्ञान के कारण उत्पन्न इस मोह के क्या कारण हैं। इस जगत में भगवान नारायण का अंशावतार पर ज्योति और परागति मैं हूं। ब्रह्मा इस बात को मानने के लिए तैयार नहीं हुए तो दोनों में विवाद हो गया, इस पर चारों वेद वहां आ गए और अपनी-अपनी बात कहने लगे।

ऋग्वेद ने कहा कि प्राणियों के हृदय में बसने वाले विश्व के प्रवर्त्तक, परम तत्व एवं परम साररूप भगवान शंकर ही हैं। यजुर्वेद ने कहा–सभी यज्ञों और योगों में जो पूजे जाते हैं तथा सभी देवों के आराध्य देव भगवान शंकर

हैं। सामवेद के अनुसार सारे ब्रह्माण्ड को जो चक्र की तरह घुमाते हैं, योगी भी जिनकी पूजा करते हैं वे भगवान शंकर ही हैं। अंत में अथर्ववेद ने कहा कि–संन्यासी जिनको तप के द्वारा प्राप्त करते हैं और देवों के द्वारा भी पूजे जाते हैं वे भगवान शंकर ही हैं। वेदों को बातें सुनने के पश्चात् ब्रह्मा ने कहा कि भूत प्रेतों का साथ करने वाले तथा प्रतिदिन स्त्री के साथ घूमने वाले को मैं जगत का आधार तथा जगत का पालन करने वाला नहीं मान सकता।''

ब्रह्म की यह बात सुनकर बिना शरीर वाले ओंकार ने मनुष्य रूप में कहा कि भगवान शंकर ही सनातन, अनादि और ज्योति स्वरूप हैं। भगवती पार्वती स्वानन्दस्वरूपा और शिवा हैं। इनका साथ रहना, घूमना तो आध्यात्मिक भोग है। इसके पश्चात भी ब्रह्मा भगवान शिव की सत्ता मानने को तैयार नहीं हुए। तभी पृथ्वी से आकाश तक को घेरती हुई एक दिव्य ज्योति प्रगट हुई और ब्रह्मा का पांचवां सिर जलने लगा।

तभी ब्रह्मा को भगवान शंकर के दर्शन हुए, लेकिन अज्ञान अभी दूर नहीं हुआ था। उन्होंने अहंकार के वशीभूत कहा कि आप भी मेरे ही मस्तक से उत्पन्न हुए हैं और आज आप अपने जन्मस्थान को जलाकर अपनी अज्ञानता और कृतघ्नता का परिचय दे रहे हैं। ब्रह्मा के ऐसे कठोर वचन सुनकर शिव ने उनके अहंकार का नाश करने के लिए कालभैरव को भेजा।

कालभैरव ने ब्रह्मा से युद्ध किया और उनका एक सिर काट डाला। तब ब्रह्मा का अज्ञान दूर हुआ और वे भगवान शंकर की शरण में आकर विभिन्न प्रकार से उनकी स्तुति वंदना करने लगे। ब्रह्मा की इस प्रकार भाव-विभोर होकर की गई स्तुति से भगवान शिव ने प्रसन्न होकर उन्हें ऐश्वर्य और महान योग का आशीर्वाद दिया। भगवान शंकर ने कालभैरव से ब्रह्मा का वध न करने को कहा और उनकी रक्षा करने के लिए कहकर शिवजी अपने लोक को वापिस लौट गए।

इसके पश्चात कालभैरव ने ब्रह्मा के कपाल को लेकर उसमें भिक्षा मांगनी शुरू कर दी, लेकिन अग्नि के समान भयंकर मुख वाली ब्रह्महत्या कालभैरव को परेशान करने लगी। पूरी धरती पर भटकने के पश्चात भी जब ब्रह्महत्या ने उनका पीछा नहीं छोड़ा, तो कालभैरव विष्णु लोक में पहुंच गए और अपनी व्यथा कही। पूरी कहानी सुनने के पश्चात् श्रीविष्णु ने कालभैरव से विष्णुपुरी जाने के लिए कहा।

जैसे ही कालभैरव ने वाराणसी पुरी में प्रवेश किया ब्रह्महत्या हा-हा करती पाताललोक को चली गई। कालभैरव ने ब्रह्मा का वह कपाल भगवान शिव के सामने रख दिया। ब्रह्मा शिव के भक्त थे, इसलिए शिव ने उस

कपाल को वाराणसी में कपालेश्वर महादेव के नाम से प्रतिष्ठित किया। इसी कपालेश्वर महादेव के पूजन और दर्शन करने से ब्रह्महत्या जैसे जघन्य पापों से मुक्ति मिल जाती है।

ब्रह्महत्या के पश्चात्, सुरापान करना दूसरा बड़ा पाप है। इसका भी प्रायश्चित किया जा सकता है। इसमें सुरा को इतना अधिक पकाना चाहिए कि वह अग्नि की तरह लाल रंग की हो जाए। इसके पश्चात उस सुरा को एकदम पी जाएं। जिससे कंठ और छाती में जलन होगी तथा भयंकर पीड़ा का अनुभव होगा तथा गौ का मूत्र, गोबर का रस, दूध, घी और पानी को मिलाकर खूब तेज गर्म करके शीघ्र पी जाना चाहिए। दिन-रात पानी में खड़े रहकर नारायण का स्मरण करते हुए प्राण त्यागने चाहिए।

तीसरा पाप चोरी है। यह भी एक भयंकर पाप है। सोने की चोरी करने वाला व्यक्ति सीधा राजा के पास चला जाए और राजा केश पकड़कर, मूसल से या डंडे से उसकी पिटाई करे। इस प्रकार बदनामी होगी और यही दंड भुगतने से वह चोरी के दोष से मुक्त हो जाता है।

किसी पूज्य के साथ मैथुन करना बहुत ही नीच तथा जघन्य पाप है। काम की प्रबलता के कारण मनुष्य अपना विवेक खो बैठता है और न चाहते हुए भी ऐसा कर्म कर जाता है। इसके लिए प्रायश्चित करना पड़ता है। इसमें गुरु की पत्नी से सम्भोग करने वाले पुरुष को आग में तपाई गई लौह की स्त्री को अपने आलिंगन में ले लेना चाहिए या फिर ऐसे व्यक्ति के लिंग और अंडकोष काट देने चाहिए।

इससे उसकी मृत्यु हो जाती है और यही उसका वास्तव में प्रायश्चित है। इतने पर भी यदि वह बच जाता है तो उसे बबूल की कांटेदार शाखा पर सोना तथा कठोर चान्द्रायण व्रत करना चाहिए। पुत्री, बहन तथा पुत्रवधू से सम्भोग करने वाले पुरुष को जलती आग में कूदकर प्राण त्याग देने चाहिए।

अपनी भाभी, मौसी, बुआ तथा साले की पत्नी से सम्भोग करने वाले को चान्द्रायण व्रत तथा कृच्छ, तिकृच्छ व्रत करते हुए अपनी निंदा करनी चाहिए और भगवान श्रीनारायण से क्षमा मांगनी चाहिए। भाई की पत्नी से सम्भोग करने वाले को पांच चान्द्रायण व्रतों को नियमपूर्वक करना चाहिए।

अपने चाचा, मामा, मौसी की पुत्री, साली तथा पत्नी की सखी से संबंध स्थापित करने वाले को चान्द्रायण व्रत करना चाहिए और पांच दिन-रात तक निराहार रहकर प्रणव का जाप करना चाहिए। किसी नीचे कुल की कन्या, वेश्या से भोग करने पर स्नान करके उस दिन निराहार रहना चाहिए। वृद्ध स्त्री के साथ समागम करने से ब्राह्मण तीन दिन तक अपवित्र माना जाता है। गाय,

बकरी, कुतिया आदि से मैथुन करने के पश्चात कृच्छ चान्द्रायण व्रत करने से ब्राह्मण शुद्ध हो जाता है।

इसके पश्चात पांचवां जघन्य पाप है हिंसा। जान-बूझकर किसी प्राणी का वध करने पर प्रजापत्य व्रत, कृच्छ व्रत तथा एक सहस्त्र गौ का दान करने से इसका प्रायश्चित हो जाता है। भूल से वध हो जाने पर चान्द्रायण व्रत और ढाई सौ गौओं का दान करने से दोष दूर हो जाता है। किसी पशु-पक्षी का वध हो जाने पर पूरे दिन निराहार रहकर दूध देने वाली गाय का दान करना चाहिए। सभी प्रकार के पाप करने वालों का साथ करने वाले भी पतित हो जाते हैं, इसलिए उनके लिए भी देवों का पूजन, अनशन, तीर्थ यात्रा, तपस्या आदि के द्वारा प्रायश्चित करने का विधान शास्त्रों में वर्णित है।

आगे व्यास ने कहा कि पाप कर्म तो छोटे-बड़े अनेक होते हैं, इसलिए ब्राह्मण को इस बात का ध्यान रखना चाहिए कि उससे कोई भी, किंसी भी प्रकार का पाप नहीं हो। यदि अनजाने में कोई पाप हो भी जाता है तो उसे किसी तीर्थ स्थान पर जाकर, स्नान आदि करके भगवान की पूजा करनी चाहिए और दान देना चाहिए। छोटे-बड़े पाप के अनुसार ही उसका प्रायश्चित करने का विधान भी है। तीन दिन से तीन वर्षों तक तीर्थ स्थान पर रहने से मनुष्य के द्वारा किए गए पाप समाप्त हो जाते हैं।

लेकिन प्रायश्चित का यह अर्थ नहीं है कि मनुष्य पाप करता चला जाए और बार-बार प्रायश्चित कर ले। एक बार प्रायश्चित द्वारा पाप मुक्त होने के पश्चात् यदि फिर से वही पाप किया जाता है तो फिर प्रायश्चित करने से भी कोई लाभ नहीं होता है। यही कर्म-योग है और यदि इसे विधिपूर्वक किया जाए तो यही ज्ञान-योग है। चारों आश्रमों के नियमों का पालन करने वाला ही भगवान शंकर के दर्शन लाभ करते हुए उनके परम पद को पा सकता है।

इसके पश्चात्, ऋषियों ने सूत से लोक के पवित्र तीर्थों के बारे में जानने की जिज्ञासा प्रकट की। तीर्थों के बारे में ऋषियों को बताते हुए सूत ने कहा कि–पुण्यभय प्रयाग तीर्थ श्रीब्रह्मा का पांच कोस लम्बा-चौड़ा निवास स्थान है। यह सभी पापों को तुरंत ही नष्ट कर देता है। यहां पर अनेक तपस्वी, महात्मा लोगों के पुण्य आश्रम हैं।

इस तीर्थ में स्नान करके जो भी जाप, तप, होम, दान आदि किए जाते हैं उनका फल बहुत अधिक होता है, इससे पितृकुल और मातृकुल का भी उद्धार हो जाता है। एक और दुर्लभ तथा अद्वितीय तीर्थ स्थान है गया। यहां पर पिंडदान करने वाले मनुष्य को जन्म-मरण से मुक्ति मिल जाती है। पितर भी तृप्त होकर परम गति प्राप्त करते हैं। जो व्यक्ति गया की यात्रा करके पितरों का तर्पण करता है उसके पितर उससे प्रसन्न हो जाते हैं।

प्रभास तीर्थ भी अपना विशिष्ट स्थान रखता है। भगवान शंकर का यहां निवास है। यहां पर स्नान, श्राद्ध और ब्राह्मण की पूजा करने वाले व्यक्ति को उत्तम लोक प्राप्त होता है। यहां रहकर छः महीने तक भगवान शंकर की आराधना पूजा करने वाला इस जन्म में निरोगी रहता हुआ सभी सुखों को प्राप्त करता है और मरने के पश्चात भी उसे परम गति प्राप्त होती है।

कुब्जाश्रम तीर्थ, भगवान विष्णु का प्रिय स्थान है। यहां पर भगवान विष्णु की पूजा, आराधना करने वाले को सभी सुखों की प्राप्ति होती है। पुष्कर तीर्थ में स्नान करने वालों के सभी पापों का नाश होता है तथा ब्रह्मलोक की प्राप्ति होती है। इस तीर्थ को सच्चे मन से केवल मात्र याद कर लेने से ही ब्राह्मण को स्वर्ग लोक में इंद्रत्व प्राप्त होता है तथा देवता, यज्ञ, गंधर्व, सर्प तथा राक्षस उसका स्वागत करते हैं। पुष्कर में स्नान करके ब्रह्मा की पूजा करने वाले को उनकी ही स्वरूपता के दर्शन हो जाते हैं। जो ब्राह्मण पुष्कर में भगवान शिव की आराधना पूजा करता है उसे अश्वमेध यज्ञ का फल मिलता है।

सप्त सारस्वत नाम का तीर्थ स्थान पृथ्वी का अमूल्य हीरा है। मंकणक मुनि के द्वारा की गई कठोर तपस्या से प्रसन्न होकर भगवान महादेव ने उन्हें दर्शन दिए थे। भगवान शंकर को देख मुनि खुशी से नाचने लगे थे और अपने शरीर को फाड़कर उस पर लिपटी भस्म भगवान को दिखाई। भगवान ने प्रसन्न होकर मुनि को अपना सहस्त्रशीर्षा, सहस्त्रक्ष, सहस्त्रपाद, पार्वती के साथ विलास करते हुए दिव्य रूप दिखाया। इसे देखकर मुनि रुद्राध्यायी का पाठ करने लगे और भगवान से अपने असली रूप में आने का अनुरोध करने लगे।

इसके पश्चात भगवान ने अपने असली रूप में आने के पश्चात मुनि से वर मांगने को कहा—मुनि ने भगवान शंकर की स्तुति करते हुए तत्वज्ञान का उपदेश देने का निवेदन किया। भगवान शंकर ने मुनि को बताया कि मैं ही ब्रह्मा, विष्णु, शिव के रूप में सृष्टि का रचयिता, पालक और संहार करने वाला हूं। जगत का उद्भव और विलय मुझ में ही होता है। मैं पुरुष हूं और मेरी माया प्रकृति। श्रद्धाभाव से की गई भक्ति के द्वारा मुझे मनुष्य सरलता से प्राप्त कर सकता है। भगवान शंकर ने इस पूजास्थल को पवित्र तीर्थ होने का वरदान दिया और कहा कि यहां आकर जो कोई भी मेरी पूजा करेगा उसके सभी पाप नष्ट हो जाएंगे और वह मेरा अनुरागी बन सकेगा।

रुद्र कोटि तीर्थ भगवान रुद्र का निवास स्थान है। इसकी कथा का वर्णन करते हुए सूत ने बताया कि एक बार भगवान शंकर के दर्शन करने के लिए

अनेक ऋषि-मुनि तथा महात्मा यहां एकत्र हुए। दर्शनों के लिए सभी में आपस में वाद-विवाद तथा होड़ होने लगी। सभी पहले दर्शन करने के लिए एक-दूसरे को धकेलने लगे। सभी भक्तों की इतनी पवित्र भावना देखकर भगवान ने कोटि रूप धारण करके सभी को एक साथ दर्शन दिए। तभी से भगवान शिव रुद्र कोटि कहलाने लगे। इस तीर्थ स्थान पर आज भी भगवान शंकर अपने भक्तों को अनेकों रूपों में दर्शन देते हैं।

अत्यंत विशिष्ट तीर्थ के रूप में कालंजर तीर्थ की गणना की जाती है, बहुत पुराने समय में भगवान शिव के एक अनन्य भक्त राजऋषि श्वेत हुए हैं। इन्होंने इस स्थान पर पूजा की थी और विधिपूर्वक शिवलिंग की स्थापना की थी। भक्तिपूर्वक भगवान महादेव का स्तवन पाठ किया था। अपने मन को भलीभांति संयत करके और एकाग्रचित्त होकर राजा श्वेत ने यहां दिन-रात ओइम् नमः शिवाय मंत्र का जाप करते हुए शिव की आराधना की थी। भगवान शिव ने अपनी प्रवृत्ति के अनुरूप राजा के तप से प्रसन्न होकर उन्हें त्रिशूल तथा कृष्णाजिन रूप में दर्शन किए और राजा से उसका अभीष्ट स्पष्ट उल्लेख करने के लिए कहा! लेकिन राजा श्वेत भगवान को इस रूप में देखकर भयग्रस्त हो गया।

राजा को इस प्रकार भयग्रस्त देखकर भगवान ने सर्वप्रथम उसे आश्वस्त किया, तदंतर अपने वास्तविक सुंदर रूप में उसे दर्शन सुलभ किए। इस रूप में भोलेनाथ के दर्शन करके राजा कृत-कृत्य हो गया। वह दो गुने भक्ति भाव से अपने इष्टदेव का स्तवन आराधना करने लगा। प्रभु ने भक्त से प्रसन्न होकर उसे परमगति का वरदान देकर तुष्ट किया तथा अन्य कोई और वर मांगने को कहा। राजा ने भगवान से निवेदन किया वे इस क्षेत्र में जहां उन्होंने श्वेत को दर्शन देकर तुष्ट किया है, अपने सभी भक्तों को सौम्य रूप में दर्शन दिया करें। साथ ही उनके सभी मनोरथ पूरे करें। प्रभु ने तथास्तु कहकर राजा की मनोइच्छा पूर्ण की और अंतर्हित हो गए।

अत्यंत निसावान भक्तों के लिए एक अत्यतम तीर्थ पृथ्वी पर मणिरूप में स्थित देवालय तीर्थ है। यह केवल गुणों से अतिगुण और श्रद्धालु भक्तों के लिए ही प्रकाशित है। यहां भगवान शिव ने भगवती पार्वती के साथ भ्रमण करते हुए उनको प्रसन्न करने के लिए उनके चरणों में अपना सिर रख दिया था। नास्तिक विचार के जन भले ही इस आख्यान पर विश्वास न करें, किंतु आस्तिक जन जानते हैं कि शिव का समस्त शिवत्व शक्ति में ही निहित है, पार्वती ही शक्ति का प्रतीक हैं और शिव बिना शक्ति के शव के समान रह जाते हैं, यह गुढ़ रहस्य भी आस्थावान जन ही समझ सकते हैं।

इस स्थान पर भगवान शिव केदारेश्वर के रूप में स्थित रहते हैं। इस स्थली पर शुद्ध मन से स्नान ध्यान करके भगवान वृषकेतु की स्तुति पूजा करके और उनका चरणामृत ग्रहण करके भक्त माणपत्य की प्राप्ति करता है। यहां जितेंद्रिय, योगी तथा श्रेष्ठ कर्मनिष्ठ ब्राह्मणों का वास रहता है। बद्रीवन तीर्थ भूलोक के पवित्रतम तीर्थों में गिना जाता है। भगवान श्रीनारायण यहां मनुष्य रूप में निवास करते हैं। दान, जप, तप, श्राद्ध आदि कर्म के पुण्य फलस्वरूप यहां निवास करने वाला भक्त भगवान नारायण की कृपा से परमगति का अधिकारी होता है।

पृथ्वी के अत्यंत प्राचीन पवित्र तीर्थों में श्रेष्ठ तीर्थ दारुवन है। इसका अपना एक इतिहास है। एक बार भगवान शंकर और विष्णु पुरुष और स्त्री वेश में नग्नावस्था में घूमते हुए आ पहुंचे। तपस्यारत मुनियों ने उन्हें ऐसी दशा में देखकर उनका तिरस्कार किया और उन्हें वहां से चले जाने के लिए कहा। अपनी क्रोधित मुद्रा में आकर भगवान शंकर ने मुनियों का विरोध करते हुए कहा कि मैं यहां तपस्या के लिए आया हूं और यह पवित्र स्थान छोड़कर नहीं जाऊंगा।

जब मुनियों ने उनसे यह कहा कि यदि वास्तव में तपस्या करने का भाव है तो स्त्री को अपने साथ रखने का क्या औचित्य है। शिव ने उन्हें प्रत्युत्तर में कहा कि शास्त्रों में पति और पत्नी दोनों को ही साथ तपस्या करने का अधिकार प्राप्त है। वहां वन में मुनिगण भी अपनी पत्नियों के साथ निवास करते थे, इसलिए उनका यह तर्क स्वत: कट गया। इस विवाद के उपरांत भ्रमण करते हुए दंपति रूप में शिव और विष्णु मुनि वशिष्ठ के यहां पहुंचे। वशिष्ठ की पत्नी अरुंधती ने उनका यथोचित सम्मान किया। आश्रम में वास करने वाले सभी कुमार स्त्री रूपी विष्णु पर मुग्ध हो गए और कुमारियां तथा विवाहित स्त्रियां शिव पर मुग्ध हो गई।

भगवान महादेव की माया से वृद्ध स्त्री पुरुष भी अपना संयम खो बैठे और उनके सामने उनका स्पर्श सुख पाने की याचना करने लगे। भृगु और अंगिरा आदि ऋषियों ने परस्पर मंत्रणा करके उनको भगाने के लिए तथा अपनाने के लिए उन दोनों को परेशान करने लगे। अनेक ऋषि कुमारों के दुर्व्यवहार को देखकर विष्णु के साथ शिव वहां से अंतर्ध्यान हो गए। उनके इस प्रकार गमन के प्रभाव से पृथ्वी पर भयानक अग्निवर्षा, आंधी, तूफान, उल्कापात और धूमकेतू उत्पात होने लगे।

इस सबसे पीड़ित और व्याकुल होकर सभी ऋषि लोग इस दैवी-प्रकोप से मुक्ति के लिए ब्रह्मा की शरण में गए और उनसे अपनी व्यथा कहने लगे।

ब्रह्मा को ऋषियों ने बताया कि उन्होंने एक सुंदर अंग वाले अत्यंत शोभावान नग्न पुरुष और सर्वांग सुंदरी तथा मुग्धा स्त्री को बहुत अधिक पीड़ित और अपमानित किया है। यह प्रकोप उसी दुष्कर्म का फल जान पड़ता है।

यह सुनकर ब्रह्मा चिंतित हो उठे और ऋषियों को बताया कि तुम लोगों ने जिन्हें सामान्य नर-नारी समझकर उनका अपमान किया है वे पुरुष रूप में साक्षात् शंकर और स्त्री रूप में साक्षात् विष्णु थे। अब तुम्हारे मुक्त होने का कोई उपाय नहीं है। स्वयं भगवान शंकर स्रष्टा रूप में ब्रह्मा, रक्षा रूप में विष्णु और संहार-कर्त्ता रूप में शिव हैं। वे ही सतयुग में योगी, त्रेता में यक्ष, द्वापर में काल और कलियुग में धर्मकेतू हैं। सत, रज, तम के अधिष्ठाता वे ही देवों के देव हैं।

आप सभी लोग अपने परिवार सहित उन कृपालु भगवान शंकर की श्रद्धापूर्वक आराधना करें तो ही आपका कल्याण हो सकता है। ब्रह्मा द्वारा प्रबोधित होते हुए मुनियों ने ऐसा ही किया। शंकर ने उन मुनियों की भक्ति से प्रसन्न होकर उन्हें बताया कि सांख्य योग की दृष्टि से पुरुषों के लिए योग सहित सांख्य तथा सांख्य सहित योग। दो साधनों का विधान है।

प्रथम मुक्तिदाता है और ज्ञान से अपवर्ग की प्राप्ति होती है। केवल योग से ही परमात्मा के दर्शन होते हैं। आपने केवल योग का सहारा लिया, इसीलिए यह क्लेश की स्थिति बनी। आपको जान लेना चाहिए कि आत्मा ही निर्मल, नित्य आनन्द वाली, सर्वगामी और चैतन्य रूप है। यह परम-ज्ञान ही सांख्य दर्शन है और यही मोक्ष। जो पुरुष अथवा संन्यासी महात्मा इस सत्य को जान लेते हैं, वे एकमात्र मुझ ईश्वर के दर्शन प्राप्त कर लेते हैं।

इस प्रकार भगवान शंकर से प्रबोधित और वरदान पाए सभी ऋषि विधि प्रकार से अपने आपको कृत-कृत्य अनुभव करते हुए शंकर का स्तवन करने लगे। जिस स्थान पर भगवान शंकर ने ऋषिगणों को आशीर्वाद दिया, यह तीर्थ स्थान दारुवन कहलाया।

सूत ने आश्रम में आए विप्रों को बताया कि सभी बारह तीर्थों ने उत्तम नर्मदा नदी को माना जाता है। देवता और गंधर्व सभी इसका सेवन करते हैं। मार्कण्डेय मुनि ने युधिष्ठिर से उसका वृत्तांत सुनाते हुए कहा है कि यह नदी भगवान शंकर के शरीर से निकली है। पुराणकारों ने बताया है कि कनखल में गंगा का और कुरुक्षेत्र में सरस्वती का जिस प्रकार महत्व है, नर्मदा का सर्वत्र महत्व है। इसके जल के दर्शन मात्र से ही मनुष्य परमशुद्ध और पवित्र हो जाता है।

सभी प्रकार के माया-मोह से दूर रहने वाला हिंसा से मुक्त और प्राणियों की हित चिंता करने वाला इस नदी के तट पर जो कोई भी प्राण छोड़ता है, वह फलस्वरूप एक लाख वर्ष तक अप्सराओं और रमणियों के साथ विहार करता हुआ देवलोक की सभी ऐश्वर्यशाली उपलब्धियों का उपभोग करता हुआ पुनः जब धरती पर जन्म लेता है तो सौ वर्ष तक राज्य सुख भोगते हुए समृद्धि, संतान और सुपत्नी का भागी होता है। नर्मदा अत्यंत पवित्र और विशाल नदी है। यहां के भद्रेश्वर, केदार, वाण आदि पुण्य तीर्थ हैं। उत्तरी तट पर ब्रह्मेश्वर लिंग है। यही स्कंद तीर्थ भी है। शुद्ध पवित्र मन से इस तीर्थ को सेवन करने वाला अक्षय फल पाता है और जन्म-मरण के आवागमन से मुक्ति पाने योग्य हो जाता है।

□□□